綿抜豊昭

礼法を伝えた男たち

新典社新書 33

目　次

III　江戸時代　その2

IV　明治時代

はじめに

昔、長男は「太郎」と名付けられることがよくありました。これは「太郎」という名は長男に付けるものであって、長女はもちろん、次男や三男には付けない、という〈文化〉があったことを示しています。ですから、子どもに「リカちゃん人形」にならって「リカ」という名が付けられたり、NHKの連続ドラマの主人公の名が付けられたりすることがありましたが、こういったことも、ある種の文化現象とみなすことができます。

こうした命名に関連することですが、かつて高峰三枝子という女優がいました。平成三年に、『永遠の大女優高峰三枝子』（『週刊女性』別冊）という本が、「永久愛蔵版」として出版されたほどの〈大女優〉です。この女優の「三枝子」という名は本名で、礼儀作法を教えるときに、よく使われた次の故事から名付けられたそうです。

鳩に三枝の礼あり。

（鳩は、親を敬って、親鳥のとまる枝より三本下の枝にとまる。）

「三歩さがって師の影を踏まず。」の「鳩」版といってよいでしょう。

父親は、娘に礼儀正しい人になってもらいたくて名付けたということがわかります。礼儀正しいことが理想とされるのも〈文化〉ですし、「三枝子」と名付けたことも〈文化〉です。

礼儀作法は、もちろん人と人とが付き合うために必要な実用的所作・知識です。今日、「礼儀作法の本」といえば、そうした所作・知識等が記されたものを示します。

しかし、それはそれとして、礼儀作法は、日本の文化としての一面ももっています。わたくしなどは、文化史で、茶道や華道などと同等に扱われてもよいとさえ思っています。『文化としてのマナー』という本もありますが、これまで一般向けの本ではあまりそうした面で述べられたことはないようです。ですから、その歴史についてもあまり知られていないというのが現状だと思います。

そこで、礼儀作法の文化史としてはごく一部に過ぎませんが、どのような人たちが礼儀作法を教え、また学んだかといったことを中心に、本書では述べてみたいと思います。
なお本書で使用した【図版】はすべて個人の所蔵によるものです。

「鳩に三枝の礼あり」の図
（江戸期刊『廿四孝絵抄』見返し）

『尋常小学作法書』（昭和六年、文教書院）表紙
「鳩に三枝の礼あり」の絵が刷られています。

Ⅰ 江戸時代以前

礼儀とは

もしかしたら他に誰一人いない島や山奥で、たった一人で生きている人がいるかもしれませんが、多くの人は他の人と付き合って生活しています。他人を「人」とも思わず、他人の迷惑おかまいなしに自分勝手に生きている人もいるでしょうが、もし他の人とトラブルをおこさずに生きていこうとしたら、守るべきことがいくつかあると思います。その一つが「礼儀」です。礼儀とは、社会生活の秩序を保つために守るべき行動様式のことをいいます。その〈正しい法式〉を「礼儀作法」といいます。

この〈正しい〉が厄介でして、なぜかともうしますと、自分が〈正しい〉と考えても、他人がそれを〈正しい〉と考えるとは限らないからです。何をもって

浮世絵「礼」

〈正しい〉と判断するのかの「法律」があるわけではありません。

「目上の人を敬うことは大切である」

といった思想的なことは異なることはあまりないのですが、礼をするときに、どのように、どのくらい頭を下げるか、といった〈仕方〉となると異なることが多くあるので、「違い」つまり「流派」が生じることになります。

さまざまな流派

礼儀作法の流派には、伊勢流、今川流、細川流、吉良流、小笠原流などがありますが、その中でも特に有名であったのが伊勢流と小笠原流です。森鷗外が礼儀について述べた『礼儀小言』に次のようにあります。

近くは伊勢小笠原の礼式が維新の直前に至るまで諸藩に於て講習せられてゐたつまり、この二つの流派は、明治維新以前、諸藩の設置した学校である「藩校」などで教えられたものです。そのためよく知られていました。

伊勢流、小笠原流の二つのうちでも、小笠原流は特に有名でした。会社での役職の上下などの区別をせず、礼儀にこだわらない酒宴のことを「無礼講」といいます。今なら「無礼講」といわなくても、昔の人から見れば「無礼講」に近いかもしれませんが、以前は礼儀作法をわきまえている人が多かったので、

今日は無礼講でやりましょう。

という言い方が、わざわざされることがありました。それと同じような意味ですが、昭和時代の中頃までは、

今日は小笠原流抜きでやりましょう。

という、言いまわしもよくされました。ちなみに「伊勢流抜きで」とは言われませんでした。「小笠原流」といえば礼儀作法のことであると、理解しているから使うことができる言いまわしです。

現代は、上司と部下の飲み会も少なくなっているそうですし、わきまえるべき礼儀作法を知らない人も多くなりましたから、こうした言いまわしは「死語」（現在、使用されなくなった言葉）の仲間入りしているといってよいでしょう。しかし、かつては礼儀作法のことであるとわかっていたのです。

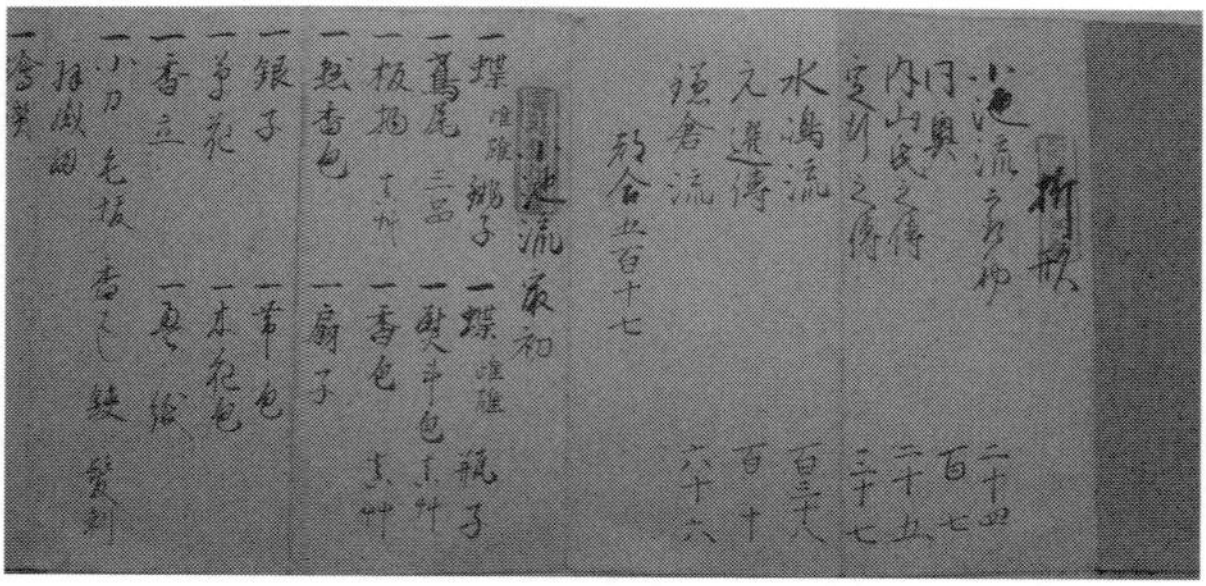

「折方目録」
七流をまとめたものです。

このように「小笠原流」＝「礼儀作法」と理解されるようになったのには、もちろん、それなりの歴史がありました。

小笠原流

あらためて確認するまでもないでしょうが、「小笠原流」とは「小笠原家の流儀」ということです。「小笠原家」はもともとは一つであったにしても、分かれていきました。いずれを本家、いずれを分家とするかはともかくとして、どの小笠原家の流儀も「小笠原流」ですし、たとえば小笠原Ａ家と小笠原Ｂ家の流儀が異なっていても、Ａ・Ｂそれぞれが「小笠原流」なのです。

ただし、小笠原流礼儀作法の「小笠原」に限っていえば、まずは室町幕府の将軍家に仕えていた小笠原家のことを指します。もちろん将軍家に仕える武士として軍事にかかわりましたが、弓の持ち方や射方、また馬の乗り方といった故実、さらに武士の礼儀作法に関して将軍の師範にもなりました。

そして、武家社会の頂点である将軍家の師範という立場は、小笠原家の礼儀作法に「権威」をもたらすことになりました。

また権威がある礼儀作法だからこそ、地方の武家も小笠原家に礼儀作法を学ぶことがありました。たとえば、毛利元就との「厳島の戦い」で知られる晴賢の出た陶氏の一人である弘護は、文明十四年（一四八二）、小笠原元長から弓の伝授を受けています。

この京都にあって礼儀作法を伝えた小笠原家を、本書では「京都系」と称することにします。

小笠原長時

「京都系」とは別に信濃国（現在の長野県）の守護大名となった小笠原家があります。小笠原長時が当主のときに、隣国の甲斐国（現在の山梨県）に戦国武将として名高い武田信玄が登場します。もともと同族ですが、戦さをするようになります。武運つたなかったといいましょうか、相手が悪かったといいましょうか、小笠原長時は武田信玄との戦さに敗れてしまいました。

その後、小笠原長時は、信州から落ちて諸国を転々とすることになります。越後国（現在の新潟県）の上杉謙信をはじめとして、京で力を持っていた三好長慶などをたより、最後に会津（現在の福島県会津若松市）の葦名盛氏をたより、そこで天正十一年（一五八三）に亡くなっています。

武田信玄に負けたことは、小笠原長時にとってはおそらく不幸であったでしょうが、礼儀作法の歴史にとっては幸いでした。

小笠原長時も大名であったころは、領国の維持や経営のために力をそそいだと思います。特に戦国時代のような乱世にあっては、いつ反乱がおきて寝首をかかれるかわかりません。ですから、礼儀作法の学習はしていたでしょうが、その研究に熱心になるほどの余裕はなかったと思います。

ところが、小笠原長時は没落して大名でなくなり、一武将として養われる立場になりました。何もできなくては肩身が狭い思いをしたでしょう。また、養ってもらうにあたいするものを提供しなければならない状況になったとも考えられます。〈働かざる者食うべからず〉です。

小笠原長時にとって幸いだったことは、京都の小笠原家が礼儀作法の権威として世の中に知られていたことです。〈芸は身を助ける〉といいますが、礼儀作法を小笠原長時は「芸」の一つとしました。

「文武両道」といいますが、戦国大名にとって、まず必要なのは「武力」でしょう。しかし、その一方で自らの権威付けのために「文化力」を大切にする武将もいました。歌人や連歌師を招いたりして、和歌会や連歌会を催すのもその一つのあらわれです。礼儀作法もそうした文化の一つでした。

小笠原長時は、信濃国を落ちてから数十年、こつこつと礼儀作法を集成していったようです。教師は教えながら学ぶものですが、小笠原長時も同様で、礼儀作法を伝授しながら、そのかたわらで、京都系の小笠原家が扱わなかったと思われます分野も含めて礼儀作法をまとめていったのだと思います。

小笠原長時の弟子たち

小笠原長時が集成した礼儀作法は、息子の貞慶に伝えられました。天正七年（一五七九）に会津で父長時からすべての文書と、奥義を伝授されたそうです。

小笠原長時が集成した礼儀作法を、息子の貞慶以外に、ある程度まとまって伝授された人たちがいます。岩村意休、小池貞成、畑奥実、星野未庵の四人です。いずれも生没年未詳です。

岩村意休は、小笠原長時が没落した後に、伝授を受けた人です。この人に伝えられた伝書は少なくないのですが、どういった立場の人だったかわかりません。小笠原長時に付き添っていた人だと思います。

小池貞成は、小笠原長時の家臣です。長時の妾腹（正妻ではない女性から生まれた子ども）といった伝承もありますが、詳しいことはわかりません。しかし、この人は多くの弟子を指導し、その門流に水嶋卜也などすぐれた礼法家が出ています。後で述べます、江戸時代の「諸礼家」といわれる人たちの多くが、この人の系統の伝書を学んでいます。「小池流」といわれる一派を作りました。後に、小池貞成に学んだ遠山久知が、長時の子孫が藩主となる小倉藩の「習礼教授」となり、久知の子孫も藩立学校で礼儀作法を教授しました。

畑奥実と星野未庵は会津の人です。小笠原貞慶が会津に来たときには畑奥実の家で世話になったとされ、また小笠原長時が亡くなったのは星野未庵の家だったと伝えられています。

畑奥実と星野未庵の二人が礼儀作法を伝授してもらうために小笠原長時を世話したのかどうかはわかりません。星野未庵には、長時の漂泊を哀れんで、養ったという話もあります。しかし、いずれにしても、長時の礼儀作法伝授は、

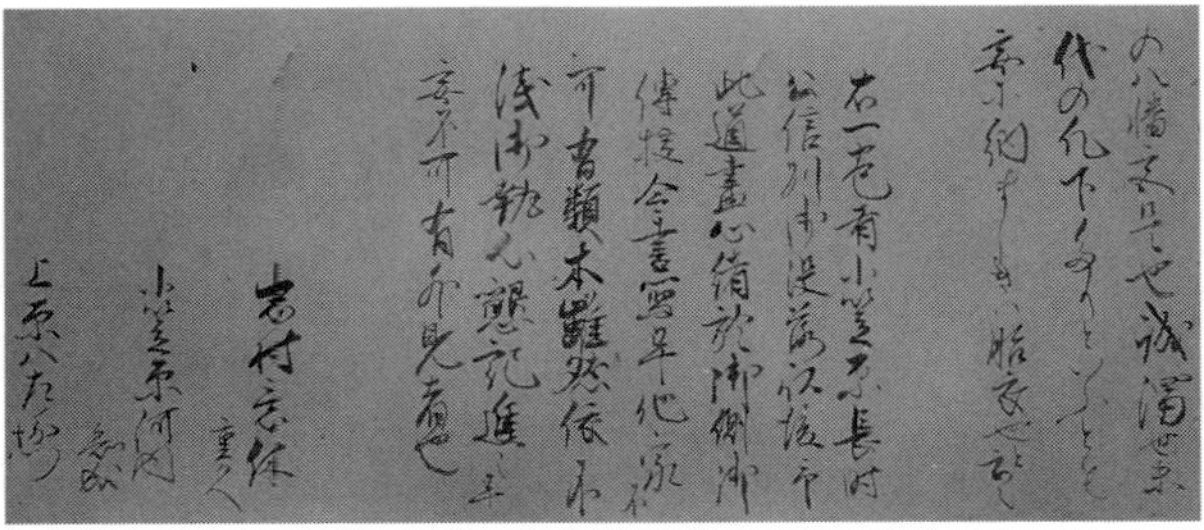

『胎衣納之巻』奥書
岩村意休の名がみられます。

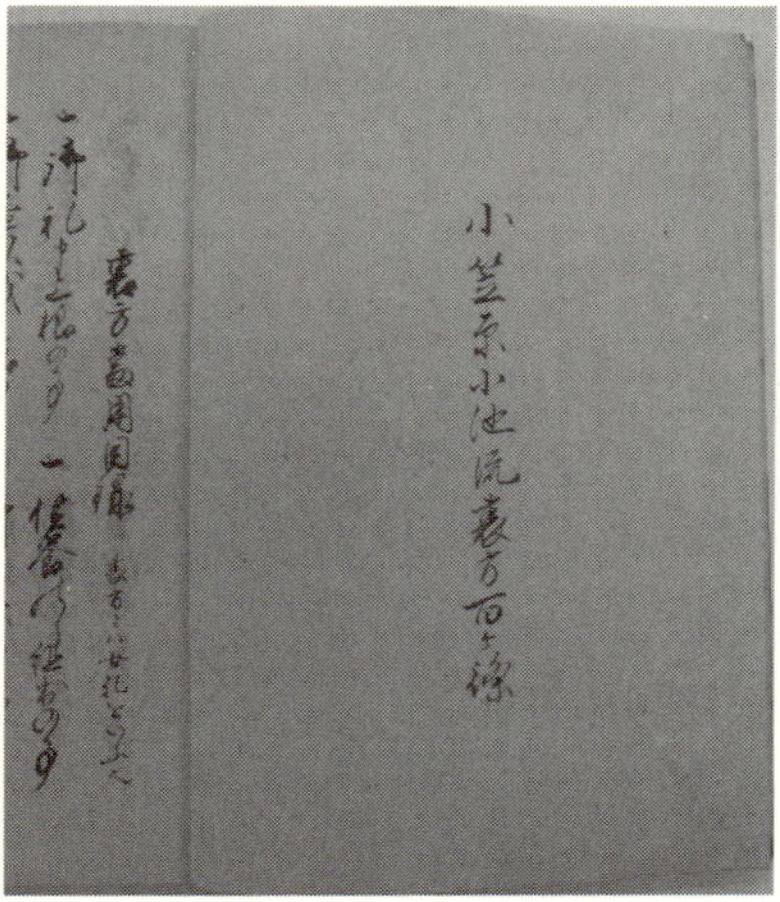

『小笠原小池流裏方百ヶ条』目次
「裏方」とは女礼のことです。「小池流」とあります。

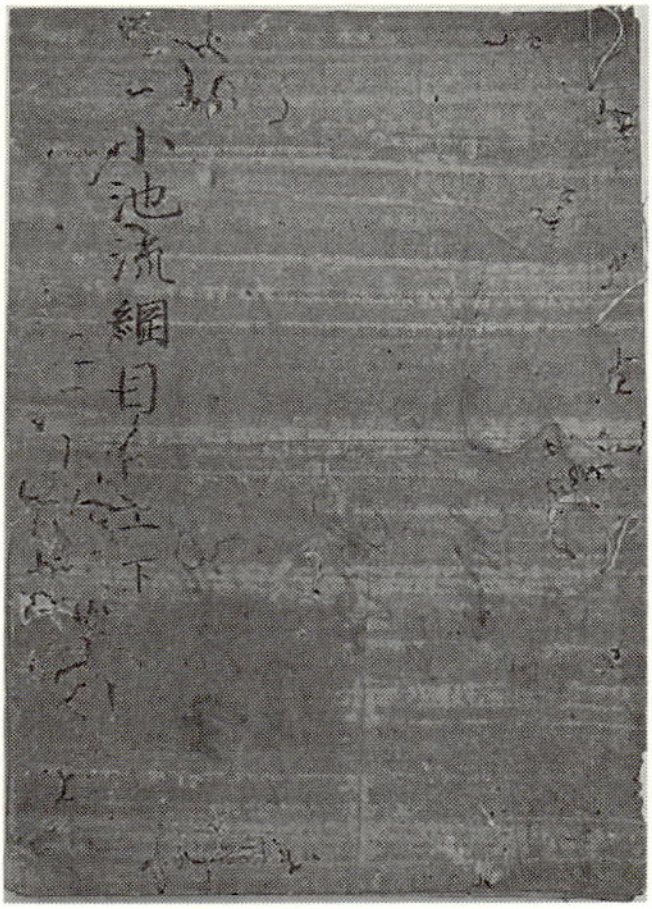

『小池流綱目』表紙
小池貞成の法式等の綱目を箇条書きにしたものです。

世話になった御礼になるだけの価値があったことがうかがわれます。

会津の小笠原流

会津地方では、江戸時代になりますと、後で述べます水嶋卜也の高弟である根井高知が伝えた小笠原流が流布します。

明治時代、四条流の料理人としてよく知られた石井泰次郎は、根井高知の系統の小笠原流を学んでおります。それについて「稽古の材料となすに足らず」と述べています（中川愛氷『日本女礼式』）。

しかし、増田昭子氏によりますと、この地方では、根井高知の系統の小笠原流の伝授を受けた者「ユルシトリ」が「シショウ」（師匠）となって地域の儀礼を取り仕切り、地域の知的活動の中心になっていたそうです。生活文化に大きな影響を与えていたといえましょう。

今の人たちが「会津」というと何を思い浮かべるかわかりませんが、「磐梯山」や「白虎隊」を思い浮かべることはあっても「小笠原流」を思い浮かべることはないと思います。しかし、小笠原長時が来て以来近代まで、小笠原流と長くかかわっている地域でもあったのです。

小笠原流の由緒　その1

その昔、大和朝廷によって統一される以前、各氏族たちは自らに都合のよい神話・伝説等をもっており、それによって正当化をはかったり、権威付けをはかったといわれています。「由緒」「由来」の話というものが重視されたのです。

礼儀作法も同様です。門人を得て、門人から収入を得ようと思えば、小笠原流が正しい法式を伝えている、つまり《正統》であることを示す「由緒」が必要でした。小笠原長時・貞慶親子か、または二人より少し後の人が小笠原流の由緒をまとめたのではないかと思います。

「事実」という情報をならべるだけならば、それほど苦労しません。正当であること、権威があることを納得してもらわなければならないとなると、情報を効果的に加工・編集しなければなりませんから、かなりたいへんです。

おそらく、核になる由緒が、最初に二つ考えられたのだと思います。それは当時の〈権威〉である「天皇」と「将軍」が関係する由緒です。

天皇が関係する由緒を簡単に述べますと、次のようになります。

後醍醐天皇の時、宮中に、足利尊氏や新田義貞など有名な武将が集められ、弓で的を射させることがありました。その時、小笠原貞宗の射方がもっとも礼にかなっていて、観ていた人が感心しました。天

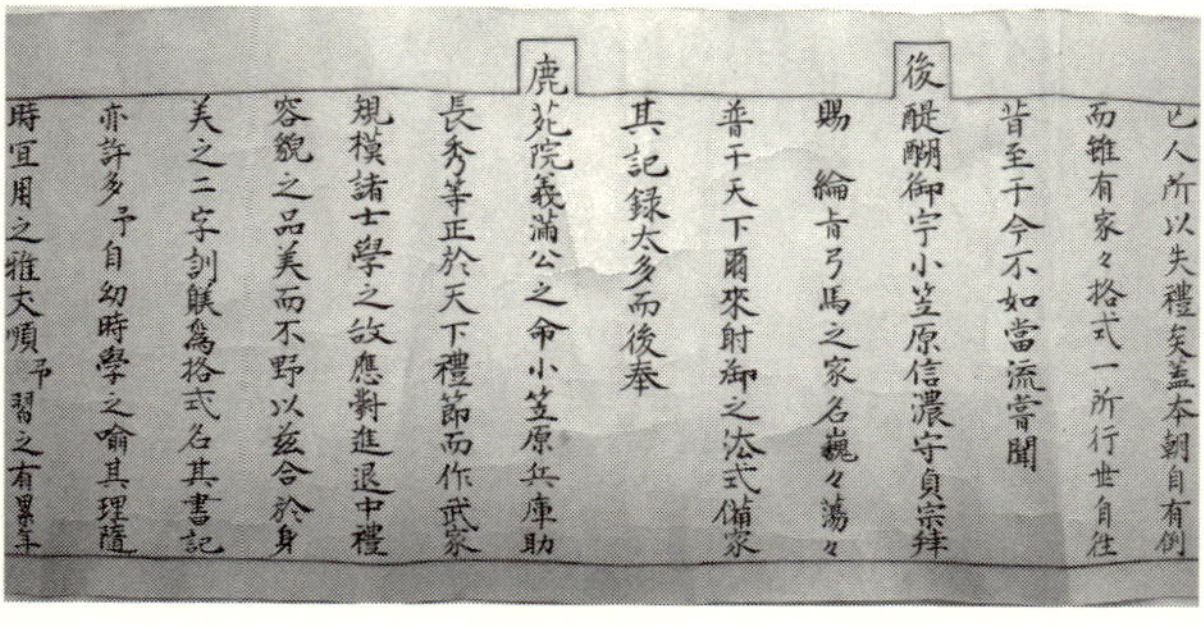
已人所以失禮矣蓋本朝自有例
而雖有家々格式一所行世自往
昔至于今不如當流嘗聞
後醍醐御宇小笠原信濃守貞宗拜
賜　綸旨弓馬之家名巍々蕩々
普于天下爾來射御之法式備家
其記録太多而後奉
鹿苑院義滿公之命小笠原兵庫助
長秀等正於天下禮節而作武家
規模諸士學之故應對進退中禮
容貌之品美而不野以茲合於身
美之二字訓躾為格式名其書記
亦許多予自幼時學之喻其理隨
時宜用之雖大願予習之有累年

『古実免許状』部分
後醍醐天皇・足利義満の名が見られます。

皇が弓馬故実について尋ねると、小笠原貞宗はくわしく答え、天皇は感心しました。
そこで天下の師範にしました。

まず天皇として後醍醐天皇（一二八八〜一三三九）が選ばれたのだと思います。誰でもが知っている天皇でないと、興味が薄れてしまいます。後醍醐天皇は、「建武の新政」などでよく知られています。

それに弓の名人として知られていた小笠原貞宗の話がとりあわされたのだと思います。そして、二人が設定された上でこのような由緒がまとめられたものと思われます。

江戸期刊『童訓往来新大成』挿絵
由緒にふれています。

小笠原流の由緒　その2

天皇の次は将軍です。

足利義満の時、義満は、今川氏頼、伊勢満忠、小笠原長秀の三人に礼儀作法を考えて、提出するように命令しました。三人が議論して、礼法書をまとめました。それを「三議一統当家弓法集」といいます。足利義満はこれをほめました。この時から小笠原家は代々、将軍家の師範となりました。

これも、まず南北朝の争いを終えさせた、有名な室町幕府第三代将軍義満（一三五八～

「三議」の図
（江戸期刊『小笠原諸礼調法記』）
右端が小笠原長秀、左端が足利義満です。
長秀の袖の「菱」の紋に注目して下さい。

一四〇八）が選ばれ、その当時の小笠原家当主長秀の話となったのだと思います。

最初に礼儀作法の流派にもいろいろありますと述べましたが、今川流、伊勢流、小笠原流の三つの異なる流派が、議論して一つのものにまとめたという話です。「三位一体」ということばがありますように、日本では「三つで一つ」といったものが、よく生み出されます。「三議一統当家弓法集」略して「三議一統」の話も、そうした信仰の延長線上にあるものだと思います。

小笠原流の由緒　その3

おそらく由緒もはじめは、天皇と将軍が登場する二つの話だけであったと思います。そして、時代が下ると由緒も詳しくなっていったのでしょう。「核」に

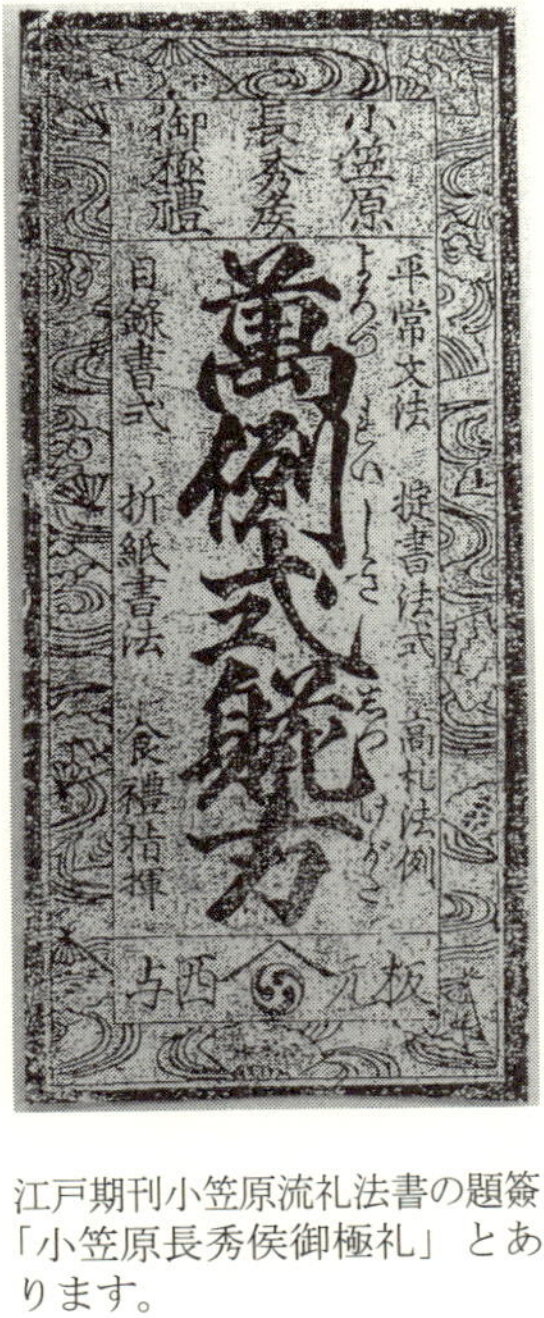

江戸期刊小笠原流礼法書の題簽「小笠原長秀侯御極礼」とあります。

なる部分ができさえすれば、それを成長させることはそれほどむずかしくないものです。ここでは「字」に関する話を二つあげましょう。一つめは「小笠原」という姓のことです。次のような話です。

もともと「加賀美」という姓でした。長清は礼儀作法を嗜み、子どもの頃から騎射（馬に乗ったまま弓で的を射ること）が上手だったので、二条院から宮中に召し出され、その庭で「小笠掛の射礼」（小笠を懸けて的とし、それを礼儀正しく騎射すること）をみせることになりました。それが感心するほどすばらしいものだったので、二条院は「小笠」を袋に入れて賜りました。それ以後、「加賀美」を改めて「小笠原」となりました。

二つめの話は家紋の話です。先にも述べました後醍醐天皇関連の話に付け加えて、後醍醐天皇が感心して小笠原貞宗に「王」の字を賜って、これを家紋としたというのです。小笠原家の家紋は「裾太菱」とか「松皮菱」とか「三階菱」といいますが、これは「王」の字がもとになっているというのです。図を参照してください。確かに「王」に見えなくも

江戸期刊小笠原流礼法書の題簽
「三階菱」が刷られています。

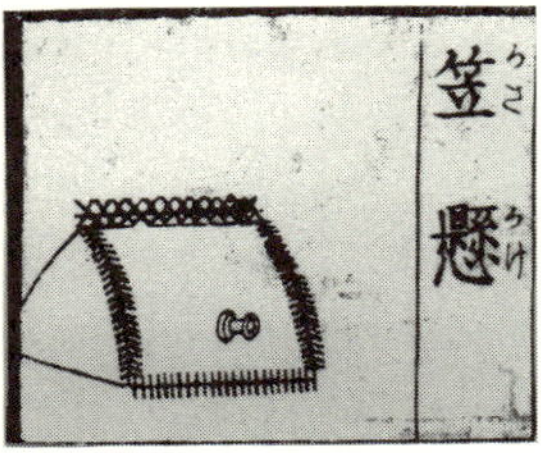

笠懸の的
(江戸期刊『庭訓往来』)

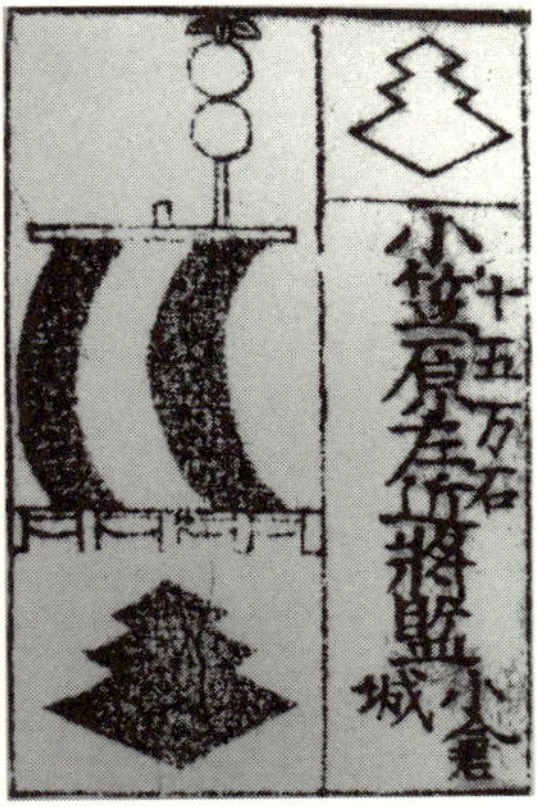

小笠原家の家紋
(江戸期刊『増字新刻大節用』)

ありません。

　戦国時代末から江戸時代前期にかけては、多くの鋳物師などの職人たちが、自分の営業特権を保証するための文書を作り、江戸時代には諸家の系図や由緒書がたくさん作られました。礼法家が語った歴史は、それが史実か否かはともかくとして、そうした時代の雰囲気のなかで育成されたものであったといえましょう。

II　江戸時代　その1

小笠原惣領家

今で言えば本家筋のことを「総領」といいました。小笠原の「惣領家」は、先に述べました小笠原長時の子孫の家で、江戸時代、はじめ明石藩主、後に小倉藩主になった家柄の小笠原家です。

先代の宗家で、惣領家当主であった小笠原忠統氏（一九九六年没）は次のように述べています。

> 鎌倉室町の両幕府の公式の礼儀の制定に参与し、江戸時代にも高家などとともに幕府礼法に関与することになった。江戸期には、幕府の公式の礼法であればいわゆる〝お止め流〟で、一般への流布はかたく禁じられたしともかくも小倉十五万石の藩主自らが、〝礼法屋〟とし一番に礼法を教えることなどありえなかったのであった。
>
> （『日本人の礼儀と心　小笠原流伝書の教え』）

また次のようにも述べています。

小笠原流は〝お止め流〟であり、一子相伝だったから、その全貌を知るにも行なうにも無理があった。

（『小笠原流礼法入門』）

忠統氏が所蔵されていた惣領家旧蔵書は、現在、福岡県立豊津高等学校が所蔵しており、それには多くの礼法書が含まれております。また北九州市立自然史博物館に所蔵される旧小倉藩主小笠原家伝来の小笠原文書にも多くの礼法書が含まれております。これらのことから、総領家が礼儀作法に深くかかわっていたことはうかがわれます。

また歌舞伎の「小笠原諸礼忠孝」はこの家の「お家騒動」を扱ったものです。「諸礼」とありますように、この家と小笠原流はかかわりが深いとみなされてきたようです。

しかし、忠統氏の述べられるとおりであれば、惣領家の後継者と将軍家にしか伝わらなかった礼儀作法であり、全貌を知ることはできません。江戸時代の惣領家の礼儀作法についてはよくわからないのが現状です。ただし、先に述べましたように小倉藩では小池流が伝えられました。

その他の小笠原家

礼儀作法に関していえば、江戸時代にもっとも注目すべきは「小笠原平兵衛家」なのですが、これは次に述べることにします。その前に総領家、平兵衛家以外の小笠原家についてふれておきたいと思います。

足利将軍家の弓馬師範をつかさどった「京都系小笠原家」は、北条氏に仕えたのち小笠原長房が徳川家康の御家人となります。徳川吉宗の時の小笠原持広から「草鹿《くさじし》」（草の中に居る鹿をかたどった的）などを上覧に入れるようになります。「縫殿助家」といわれました。この家は明治に断絶したといいます。

越前国（現在の福井県）勝山藩主の小笠原家は、寛永十九年（一六四二）、初代藩主貞信が幕府に系図を提出したさいに、自分が「正統」であり、「総領職」継承者であると強調し、その証拠の一つとして小笠原流礼儀作法を継承していると述べています。

勝山藩では、藩主にかわり家老の脇屋氏が藩士にそれを伝えたといわれます。脇屋氏は新田義貞の弟の脇屋義助の後裔とのことです。小倉藩で、藩主のかわりに遠山家が教えていたのとよく似ています。

最後に、幕末のことになりますが、尾張藩徳川家の小笠原流礼式師範であった小笠原国豊は注目された礼法家のようです。明治二十七年に刊行された鵜飼兵太郎著『日本婚礼式大全』には「小笠原家の後裔にて、旧尾張侯の礼式師範」とあり、明治三十七年に刊行された岡野英太郎著『諸礼独稽古』には「もと尾張侯の礼法師範をもつとめ、世に知られたる、つは者なり」と記されています。

草鹿の図
『小笠原流秘書』

小笠原平兵衛家

小笠原家の出身で、伊豆地方に住み、「赤沢」姓を名乗った人たちがいます。慶長九年(一六〇四)、赤沢経直が第二代将軍徳川秀忠に仕えることになりました。この時「赤沢」姓から、もとの「小笠原」姓にもどりました。代々「平兵衛」を名乗りました。これは今でいえば「屋号」や「登録商標」のようなものです。そこでこの小笠原家は「平兵衛家」といわれました。

小笠原平兵衛経直は、家に伝わった礼儀作法の他に、総領家と京都系小笠原家からも礼儀作法の伝授を受けたようです。つまり、三つの小笠原家の礼儀作法を受け継いだことになります。このことが〈家宝〉になります。第五代将軍徳川綱吉の時に、経直の孫の貞政が、幕府の諸礼式を担当するようになり、明治維新まで続きます。江戸時代、武家礼法においてもっとも権威のあった家といっても過言ではないでしょう。

動かぬ知・動く知

江戸時代、惣領家や京都系小笠原家にくらべれば、平兵衛家は積極的に礼儀作法の指導などをしました。

先にも述べましたように、江戸時代、惣領家は「お止め流」で、将軍家に聞かれた場合にのみ答えた、とされています。何代将軍が惣領家に伝わる小笠原流を「お止め流」としたのか、将軍が惣領家に礼儀作法について尋ねることがあったのか、その場合、何代将軍が何代藩主に何を尋ねたのか、といったことは、実はよくわかりませんが、もし、「お止め流」で、聞かれた事のみ答えたのであったならば、変化していく様々のことに適応するために改良を加えるなどしたものではなかったと思われます。惣領家の小笠原流は、いわゆる「動かない知」であったと考えられます。

これに対して、平兵衛家の小笠原流は、実際に婚礼御用などをする以上、実用的で即効性のある礼儀作法で、しかも変化するものでありますから、いわゆる「動き続ける知」ということができましょう。ですから、もともとは同じものであったとしても、惣領家と平兵衛家の礼儀作法は時を経るにしたがって異なるものになっていったと考えられます。

家元〈小笠原平兵衛家〉に学ぶ

室町時代、京都系小笠原家は足利将軍家の礼儀作法師範でしたから権威がありました。同じように、徳川将軍家の礼儀作法師範・小笠原平兵衛家は、江戸時代、他のどの家よりも権威があったといってよいでしょう。同じ学ぶことができるならば、最高権威のもとで、と考えた武士は少なくなかったようです。

渡辺次左衛門敏もその一人といえましょう。外様大名で最も石高が高かった加賀藩前田家の士です。「新番頭組御徒並」という役職で、今でいう年収は百石でした。寛政五年（一七九三）から六年間、小笠原平兵家第二十四代常方（一八三二年没）について学んでおります。以下、この人の学習の過程を通して、御家流家元〈小笠原平兵衛家〉にどのように学んでいたかを見てみたいと思います。

入門まで

先の森鷗外の『礼儀小言』にありましたように、諸藩の学校などで礼儀作法が教えられました。

新番頭組御徒並の渡辺次左衛門敏が、藩立学校の礼儀作法の師範に任命されましたのが寛政五年四月です。そこで渡辺次左衛門は、師範に命じられましたので、小笠原流礼法の相伝書のよくわからないところを小笠原家関係者に尋ねさせていただきたい、といった内容の願書を上司に出します。

願いを出したのは四月でしたが、許可がおりたのは九月十八日です。しかも、わからないところを聞くといったことではなく、小笠原平兵衛に弟子入りすることが命じられました。渡辺次左衛門の仕えていた人が藩に交渉した結果です。単なる質問だけならばともかく、弟子入りとなれば、加賀藩としては、きちんと事を審議する必要があり、そのため許可がでるまで五ヶ月ほどもかかってしまったということでしょう。

なお、加賀藩では石山知方が平兵衛家に入門したという前例があったことが、渡辺次左衛門の入門を容易にさせたものと思います。

加賀藩としては、将軍家の師範に弟子入りさせる以上、みっともないまねはさせられませんから、身なりなどを指図してます。

十月九日、渡辺次左衛門は小笠原平兵衛の御宅を訪れます。休暇届けを出し、服紗小袖、布上下を着用し、若党一人、鎗持ち、草履取りを召し連れ、午前八時ごろに屋敷を出たようです。

武士が武士を正式な用事で訪問するとき、きちんとした服装で、お供を連れて行くことは、当時としては当然のことです。しかしわずか百石の渡辺次左衛門は、三人の家来をもてるような裕福な身分ではありませんから、このうち二人は、臨時雇いです。

また、当時、これからお世話になります、というときには贈り物を持参します。またその贈り物の代金をお渡しすることもあります。渡辺次左衛門の場合は、「太刀馬代」として白銀一枚を持参してます。なお、これは本人が用意したものではなく、藩からいただいたものです。

公的な意義

先にも述べましたように、渡辺次左衛門のもともとの願いは、わからない点を尋ねることでありました。ところが、特別なはからいがあり、小笠原平兵衛に弟子入りすることになってしまいます。

藩が弟子入りさせたのは、公的な意義、つまりそれが藩に役立つことと判断したからに違いありません。

一つには将軍家師範の小笠原流礼法というものに価値を認めたのだと思います。

一つには小笠原平兵衛との人脈に価値を見いだしたのではないかと思います。

さらには、加賀藩には百万石の高い誇りがありますから、必要なことのみを尋ねるというのでは、藩の面目が立たず、当時最も権威のある小笠原平兵衛に直接学ばせることになったという面もあったように思われます。

必要経費の工面

渡辺次左衛門にとって、礼儀作法を学ぶにあたって、当時、最も権威ある小笠原平兵衛に弟子入りできることは喜ばしいことではあったでしょう。

しかし、当初の願いの通り「わからないところを聞く」のであれば時間も費用も労力もさほどかかりませんが、弟子入りとなればそれ相応の費用等がかかることになります。それは石高百石の一藩士の出費としてはかなり高額のものであったと考えられます。渡辺次左衛門は、喜ぶ一方で、かなり困惑したのではないかと思われます。結局、金銭的にやりくりがつかなくなって、十一月になって藩に必要経費借用願いを出すことになります。

その内容の主たるところは次の三点です。

1　わからない点を質問したいとの願いであったにもかかわらず、小笠原平兵衛と話をつけて弟子入りを仰せ付けられ、入門の折の太刀馬代も下さりましたことの御礼。

2　小笠原平兵衛に学ぶからには、初学から皆伝まで学び、加賀藩内でおこなわれております小笠原流礼法の相違する点を改め、自分の門弟にも伝えたい、との抱負。

３　諸費用の拝借願い。

感謝の気持ちと抱負を語るのは、借金をお願いする前に、まず述べる必要のある事項でしょう。

「願い出２」に関しては、今でも小笠原流は一つの流派であると考えておられる方もいると思いますが、当時もそうでした。実際は、いくつかの流派に分かれており、おのおのの流派で異なるところがあります。加賀藩には、異なる複数の流派の小笠原流礼儀作法書が伝わっており、渡辺次左衛門は違いに気がついたので、このようにいったわけです。後には、小笠原平兵衛所蔵本と、加賀藩の池田家所蔵小笠原信濃守伝来の礼儀作法書と比較するため、池田所蔵本を江戸に取り寄せてほしいという願いまで出しています。

「願い出３」の諸費用とは、具体的には次の三つです。

①　多くの礼儀作法書の書写の費用
②　稽古に必要な着類等の費用
③　稽古に出向く際の費用

この三つのうちの、いずれかの費用の拝借を願っています。その結果、六両を拝借し、さらに稽古の必要経費として金小判十五両を拝領してます。

当時としてはかなりの金額といってよいでしょう。今でも習い事によっては、家元に直接学ぶ場合、かなりの費用が必要とされますが、そうしたことは江戸時代から続いている、ということです。

礼儀作法書の書写

礼儀作法を学ぶ方法は、大きくわけて二つあります。一つは直接人から学ぶ方法で、もう一つは書物から学ぶ方法です。

あらためて述べるまでもないでしょうが、両者のうち、時間的、空間的に、より自由に学べるのは書物から学ぶ方法です。数え方にもよるでしょうが、筆で書写された三千冊を越える江戸時代の小笠原流礼法書が全国的に残っています。いかに書物を通して学んでいたかがうかがわれます。

礼儀作法の書写本というのは、師弟関係においていいますと、師範が自分の持っている書物を自ら書き写して弟子に書き与えたものと、弟子が師範の持っている書物を借用して書写したものとに分かれます。

渡辺次左衛門の場合、少なくとも合計百五十四冊の礼儀作法書を小笠原平兵衛から借用して書き写したようです。もちろん公費で学んでおりますので、これらの百五十四冊は後に藩におさめられております。

筆耕

書写に関して、渡辺次左衛門は、小笠原平兵衛から借用した礼儀作法書の書写にあたり、

「筆耕」つまり「書写のアルバイト」を雇うように、藩から命じられます。藩としては、渡辺次左衛門が書写の時間も含めて長期にわたり小笠原家で学ぶことによってかかる費用よりも、筆耕を雇う費用を支出して短期にした方が経済的であると考えたのでしょう。

また、何がおこるかわかりませんから、小笠原平兵衛家所蔵の礼儀作法書を確実に入手するために、筆耕を雇ってはやく書写を完了させたかったとも考えられます。

これに対して、渡辺次左衛門は、同じく小笠原平兵衛に学んでいる松平越中守の家来片岡右高之丞や松平伊豆守の家来春田逸八などが、大勢で写していることに対し、小笠原平兵衛やその高弟が快く思っていないことを理由に、藩の仕事を休ませていただき、自分一人で写したいと願っています。

藩の上層部が考えることは、どこも同じであるということでしょうか。

また、渡辺次左衛門にしてみれば、自分で写してこそ礼儀作法の知識を身につけることができるのであって、他人が書き写したのでは意味がない、という思いもあったと思います。

結果として、筆耕を雇うことなく、渡辺次左衛門一人で書写することになりました。

稽古日

渡辺次左衛門は、なかなかの努力家であったようです。加賀藩という大藩の藩士であったからという理由もあったでしょうが、小笠原平兵衛に特に目を掛けられていたようです。寛政六年六月付、石黒小右衛門宛の願い状に以下のようにあります。

先に入門した者よりもはやく奥稽古に出ており、中には書籍もまだ貸していただけない者もいるのに、自分は書籍だけでなく、その他の品も借用してます。四日と九日の稽古が決まっている日は朝から夕方まで稽古をしていただき、その他一ヶ月に十四、五日、十七、八日も行くこともあります。

小笠原平兵衛家では、月二回の稽古日、奥稽古があったことが知られます。なおこの後に、これほどまでにしていただいているから、ご挨拶などもしていただきたい旨と、借金の申し込みを記しています。

寛政五年の物入り

江戸時代は、「贈答文化の時代」といった一側面があります。寛政五年十二月、寒気御見舞い、今のお歳暮として小笠原平兵衛に鯖切漬（一壺）が贈られています。

進物は小笠原平兵衛だけでなく、その高弟衆にも贈る必要がありました。

今でも御当地物、地場産の物が贈り物として喜ばれますが、当時もそれは変わらなかったようです。お歳暮の次に、たぶん一月か二月だと思いますが、渡辺次左衛門は、加賀国（今の石川県の一部）の産物として、落雁《らくがん》と塩鴨と塩引きを取り寄せて進上しています。どれも加賀国に限られた産物ではありませんが、今日でも、落雁の「長生殿」は石川県金沢市の銘菓として全国的に知られており、鴨は代表的加賀料理の一つ「じぶ」に使用される食材です。塩引きは鮭の塩引きと思われます。加賀藩の料理人舟木伝内が編んだ料理書にも見られる食材です。もちろん無料ではありませんので費用がかかります。

寛政六年の物入り　その1

先に渡辺次左衛門が多くの書物を書き写していることを述べましたが、これも費用がかかることになります。

礼法書を借用し、それを書き写すさいの料紙としては、普段は美濃紙を使用しています。ところが、巻子本などの、特にあらたまった礼儀作法書は、鳥の子紙という高級紙を使用することが多いものです。

おそらく学習が進んで、美濃紙の礼儀作法書から高価な鳥の子紙の礼儀作法書を書き写す段階になったのだと思います。内容を書き写すだけであれば美濃紙でも充分なのですが、原本が鳥の子紙であるので、それを書き写す本の料紙も鳥の子紙を使用したため費用がかかるようになります。

そうして進物代や鳥の子紙代で出費がかさむので、またもや藩に六両の借用を願います。六両の内訳は以下の通りです。

三歩　↓　落雁一箱　塩鴨二　塩引二本
二両　↓　口入物代
一両二歩　↓　鳥の子
一両三歩　↓　雑用
合計六両
＊一両は四歩です。

このような調子で、この後も渡辺次左衛門にかかる諸経費は継続していくことになります。

七月には、小笠原平兵衛への暑中御見舞いとして鯖十刺を拝領し、自身も稽古入用として七両を拝領してます。この七両のうちから三両を、先の六両の返済にあて、残り三両の借金は歳暮に返上することにしています。

寛政六年の物入り　その2

十月には、五両の拝借を願い出ています。その理由の一つは、小笠原平兵衛に奥書を依頼するために、粗末な装丁等にできず、製本等に金銭がかかったからというのです。

奥書とは、書写した本の最後に、

この本は小笠原家に伝来したものを書き写したものである

といったことを書いてもらうことです。

それはその本の伝来の正しさを証明し、価値を高めるものです。当然、奥書してもらうには、それ相応の謝礼が必要とされたと考えられます。今でも何かを証明・保証していただいて、何も御礼等をしないというわけにはいきません。この五両も歳暮に返済ということで、歳暮に先の三両とあわせて計八両返済することになったようです。

十一月には、小笠原平兵衛への寒気お見舞いとして御国の産物を願い、塩鰤（一本）を拝領してます。いうまでもなく鰤は、当時だけでなく今日でも加賀能登の名産です。

十二月にも、窮状を訴え、昨年同様小判十五両を拝領しています。これで借金を返済したものと思われます。こうして十五両が下半期の稽古の入用金の定額になっていきます。

このように渡辺次左衛門は、学習のための費用を藩から出していただいて対処していきます。

寛政七・八年

寛政七年は、渡辺次左衛門に一大事がおこります。三月に、稽古・書写のため、寛政五年十二月二十八日より続く御番除（役職を免除してもらうこと）の継続を願い出ていたのですが、藩の仕事で帰国することになったのです。この年の秋には加賀に帰国してますが、将来の復帰を見通してか、国もとから小笠原平兵衛への歳暮の進物を願い出てます。

寛政八年一月二十五日、書写し残した書籍もあり、あと一、二年で習事等も済むので、江戸詰にしてもらいたいと願い出ます。その結果、参勤交代の御供として三月に再び江戸表に詰めることになり、稽古の許可がおりたようです。早速、小笠原平兵衛のもとに稽古に行くさいのお供などとして、足軽一人、小者一人を手配していただきたいという願いと、盆に七両、暮に十五両を拝領していただきたい、という願いを出してます。昨年同様、稽古のための費用を得るために、渡辺次左衛門は努力していたのであります。

蟇目等伝受

その後、渡辺次左衛門の稽古も進み、いよいよ礼式奥儀の蟇目《ひきめ》等も相伝されることになりました。蟇目は矢の先につけた蟇目鏑《かぶら》のことで、形がヒキガエルに似ているからそのように名付けられたとも、ヒキガエルのような目をあけるから名付けられたともいいます。それを射ると、風を切り、音が出ます。その音によって妖魔を降伏させるものです。誕生蟇目は胎児の健康な成長を祈り、屋越の蟇目は病魔や魔性を退散させるためにおこないます。弓馬礼法の中で特に重要なものの一つです。

さて、稽古が進み、あらたまった伝授を受ければ、それなりの費用がかかるのは、当時の習い事の常識です。渡辺次左衛門も例外ではなく、〈奥義相伝〉ということで二十両を拝領しましたが、それでも足りないので、さらに五両の借用を願い出ています。

先にも述べましたが、小笠原流礼書百五十四冊を三箱に入れて進上したのがこの年の八月十八日です。九月一日、それに対して「御紋付布上下一具、金子十両」を拝領しています。

寛政六年以来続いてきた渡辺次左衛門の稽古でありましたが、ようやく寛政十一年七月に終わりとなりました。

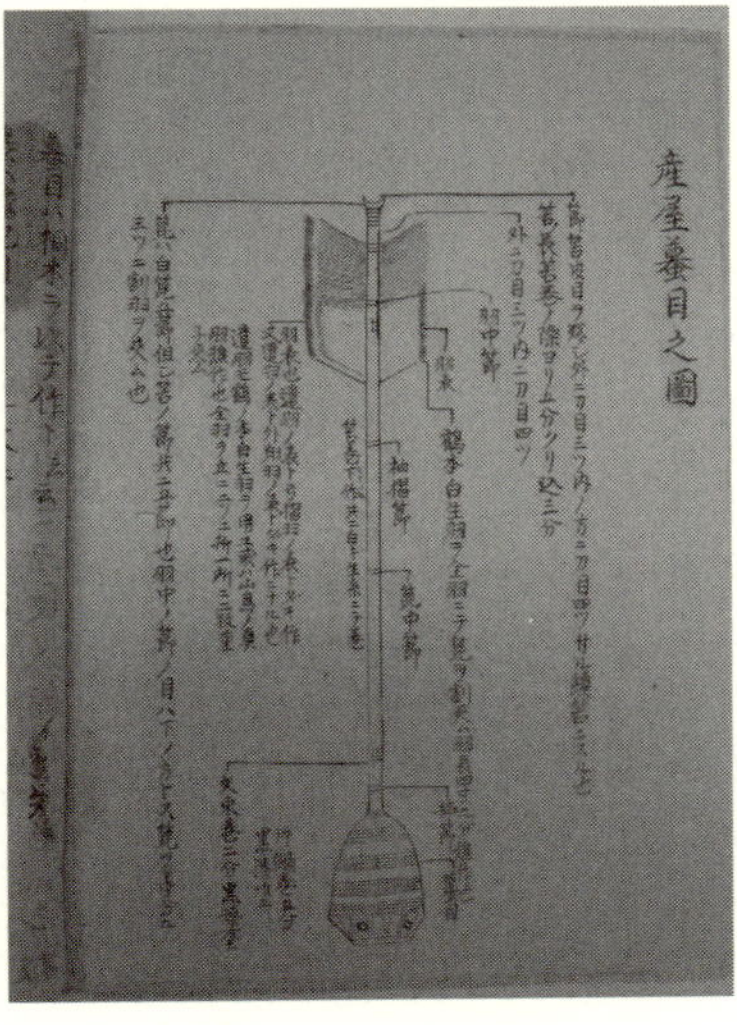

「産屋蟇目之図」
『桶屋蟇目口伝』

息子へ

寛政十年四月、渡辺次左衛門は息子の喜内を礼法稽古のために江戸に呼び寄せることを願っています。

また寛政十一年ごろ、渡辺次左衛門は、実年齢はわかりませんが、高齢になっており、健康状態もすぐれなかったようです。死ぬことを意識していたためか、礼儀作法に関して、息子の喜内に後を継がせることを希望しています。そして、喜内も小笠原平兵衛のもとで稽古するようになりました。後のことになりますが、喜内は、父がしたのと同様に、息子である佐大夫の、小笠原平兵衛弟子入りを願っており、入門させています。礼儀作法を「お家芸」としたわけです。

渡辺次左衛門は、寛政十一年の暮れには死んでいたようです。そのためか、息子の渡辺喜内が藩校の礼法師範を仰せつかっております。これには小笠原平兵衛がそれをしてよいと許可したことも影響したようです。

渡辺喜内は、父渡辺次左衛門より礼式奥義蟇目を相伝していましたが、それとは別に小笠原平兵衛が相伝してくれることになり、その準備のために九両の拝借を願い出ています。父同様、費用がかかります。

父渡辺次左衛門の場合は、婚礼御用をつとめたか不明ですが、喜内はその御用をいくつかつとめています。なお富山藩の礼節方の田村節蔵も婚礼御用をつとめています。礼儀作法にかかわる者の重要な任務であったといえましょう。

渡辺喜内の場合、文政九年（一八六二）には、第十一代将軍徳川家斉の第二十二姫溶姫君と加賀藩主前田斉泰との婚礼の「御引移御婚礼御式礼法方主」を仰せつかっています。そうした責任の重い役目がまかされたのには、わからない事など将軍家の師範小笠原平兵衛に直接たずねることができたからだと思います。

渡辺次左衛門の残したもの

渡辺次左衛門は、疑問点を小笠原家関係者に尋ねることのみを望んだのですが、加賀藩は、当時、小笠原流礼法教授の最高権威である小笠原平兵衛に弟子入りさせることにしました。かなりの費用を要しましたが、それは結果として「将軍家との婚礼」に役立ちました。

幕府では寛政の改革が行われ、加賀藩も財政的に困難な状況になっていた時期です。固定的な身分社会の中で、一藩士がそれなりに認められる一つ方法は、特殊技能を身につけることであったのでしょう。渡辺次左衛門が、このままでは何も好転しないという閉塞状況の中で、小笠原平兵衛への弟子入りはまたとない好機であったといえます。もちろん加賀藩士ということを小笠原平兵衛が配慮したとは思われますが、渡辺次左衛門が熱心に学習するなどし、渡辺次左衛門を小笠原平兵衛が認めた結果が、小笠原家所蔵の礼儀作法書の大量の貸し出しと、奥義の相伝であったと考えられます。

また藩から拝領される入用金の額を前期七両、後期十五両と定例化させ、また小笠原平兵衛に届ける盆暮のお見舞い品として国元の物の拝領も同様に定例化させています。もちろん自身のためもあったでしょうが、それは「渡辺家」の今後のことでもありました。晩年には息子喜内を江戸に呼び寄せ、礼儀作法関係での後継者になることができるように活動しています。

こうした渡辺次左衛門の努力は報われ、息子の喜内、そして孫の息子左大夫に、「お家芸」として無事受け継がれていったのです。

III 江戸時代　その2

諸礼家の登場

徳川家は、もともと三河の地方大名に過ぎません。それが家康の代に短期間で将軍になりました。その間、生き残るために礼儀作法よりも武力のほうがはるかに重要なものでした。

しかし幕府が開かれ、第三代将軍家光（一六〇四～一六五一）のころには戦国の世も昔のことになりつつありました。武力の時代ではなくなり、家康の生きていたころに戦場を駆け巡っていた武士は亡くなり、または年老い、殺し合いの経験のない武士たちが中心となる時代となったのです。徳川家にとって「天下取り」という〈目標達成のため〉に必要だった人材は不必要になり、幕府という〈集団維持のため〉の人材が必要となったのです。文武両道といいますが、「文」に力が置かれる時代に変わりました。将軍家の「権威」は、この時に確立されたといってよいでしょう。

「権威」というものは、「儀容」（礼儀作法にかなったなりふり）を必要とします。武士の間で礼儀作法が重んじられ、弓馬の武芸と同様に、あるいはそれ以上に大切な「嗜み」となっていきます。こうした時代のニーズに登場したのが「諸礼家」といわれる礼儀作法の師範たちです。

水嶋卜也

「諸礼家」を代表する存在が水嶋卜也という人です。元禄十年（一六九七）、九十一歳という高齢で亡くなっています。長生きしたこともあって、とにかく多くの礼儀作法書に目を通しておりますし、実に多くの礼儀作法書を伝えております。礼儀作法の集成という点で評価するならば、礼儀作法史上、前代が小笠原長時なら、江戸時代初期は水嶋卜也が最大の功労者だと思います。

水嶋卜也自身がどれだけの伝書をまとめたか、確実なところは不明ですが、水嶋の門流の伝書の目録の一つ『小笠原御家流大目録』（静嘉堂文庫所蔵）は折方百三十七種のほか、六百五十四巻を記載してます。

水嶋卜也は、京都系小笠原流の伝書、信濃系小笠原流の伝書など、小笠原流にかかわるものにとどまらず、たとえば「源氏物語」「古今集」の秘伝書など、関連しそうなものをはば広く蒐集しました。それをそのまま相伝することもあり、必要に応じてそれらを編集したものを相伝することもありました。

なお水嶋卜也自身は「小笠原流」と称さなかったよう

「水嶋卜也像」
『好古類纂』

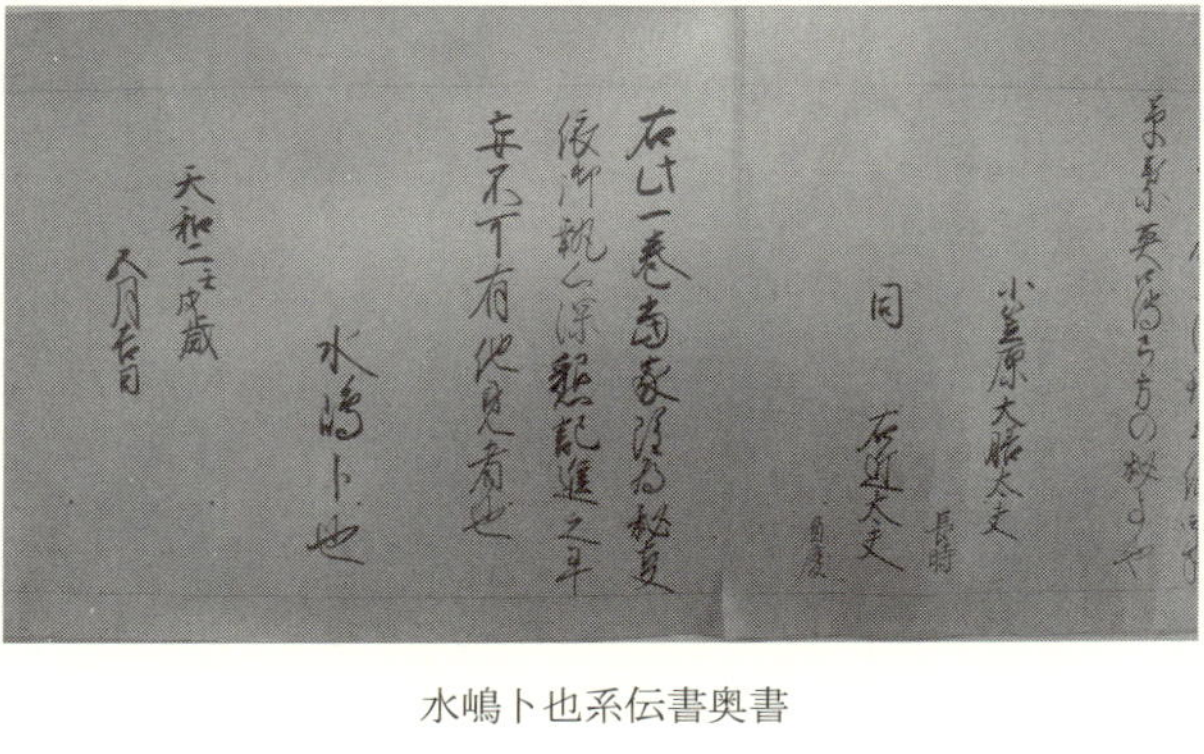

水嶋卜也系伝書奥書

ですが、その門流は「小笠原流」と称して、卜也と同様に相伝しております。

水嶋卜也の系統の小笠原流はひろく流布し、この門流の礼儀作法書の写本は、多大な量が現存しています。また、その伝書によっては、後に刊行物にとりいれられることもありました。

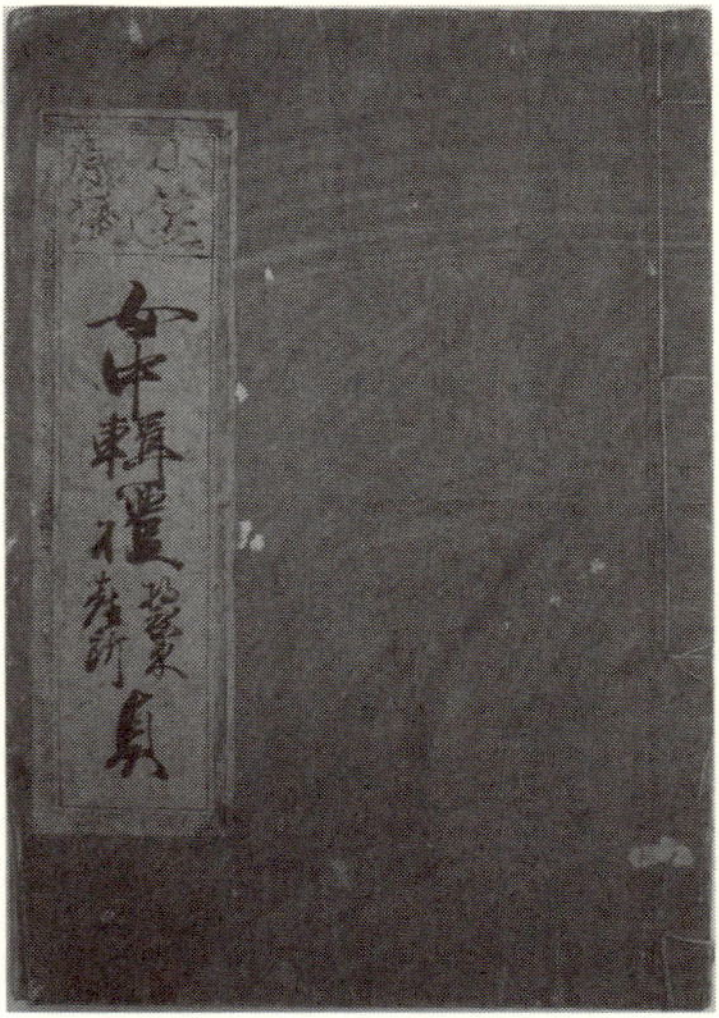

水嶋系礼法書題簽
「小笠原流」と刷られています。

水嶋卜也の門弟

さまざまな礼儀作法書を学び、それをまとめ、また時代にあったものをつくりだし、さらにそれを提供する能力が、水嶋卜也にはありました。その能力がすばらしいものであったからこそ多くの門弟を集めることができ、また多くの門弟がいたからこそ、その中から多くのすぐれた直弟子が出てきたのだと思います。

水嶋卜也の弟子には、水戸徳川家に仕えた稲葉則通、桑名松平家に仕えた鷲尾重久など多数おりますが、一番弟子は伊藤幸氏です。師と同様に長命で、享保十四年（一七二九）に九十五歳で亡くなっています。

伊藤幸氏が享保十一年（一七二六）四月十三日に、江戸の芝神明社で草鹿射を興行しています。それには次の伊藤幸氏一門が集まっています。

礼節師範		伊藤甚右衛門幸氏	水嶋卜也随身門弟
列席		水嶋伝弥之政	有馬玄蕃頭殿御内
検見		伊藤隼太幸充	伊藤甚右衛門家嫡
奉射的射手	一番	遠藤七五三成雄	浪人
		香川四郎左衛門景治	松平備前守殿御内
	二番	中野五兵衛忠栄	京極壱岐守殿御内
		小沢長兵衛正延	同御家中

三番　中村三九郎盛布　松平陸奥守殿御内
　　　和田平助義見　同御家中
草鹿射手　一　飯田門太夫幸維　浪人
　　　中尾半蔵光英　松平甲斐守殿御内
　　二　久野三郎左衛門侑道　酒井内記殿御内
　　　瀬山伝太夫有命　京極縫殿助殿御内
　　三　中村三九郎　松平陸奥守殿御内
　　　香川四郎左衛門　松平備前守殿御内
挟物射手　矢代振　早川甚之助高之　有馬玄蕃頭殿御内
日記附　東郷弥右衛門之智　松平三治殿御内
麾振　馬場猶右衛門貞辰　松平中務殿御内
同　野崎権左衛門良重　同御家中
介添　小出文蔵幸繁　同御家中

同　　小沢兵蔵正武　　浪人

伊藤幸氏の一門がさまざまな藩の家中にいたことが知られましょう。しかもこれが伊藤幸氏の門弟のすべてではありません。これほどではないにしても、水嶋卜也の門流がこのように弟子を抱えていました。いかにこの流派が大きかったか想像がつくかと思います。

女礼

水嶋卜也が登場した江戸時代の初期、礼儀作法を嗜むようになったのは武士だけではありません。第三代将軍徳川家光の時代にできたものに大奥があります。将軍の妻やそれに仕える女性が勤務しています。ここに勤める女性に

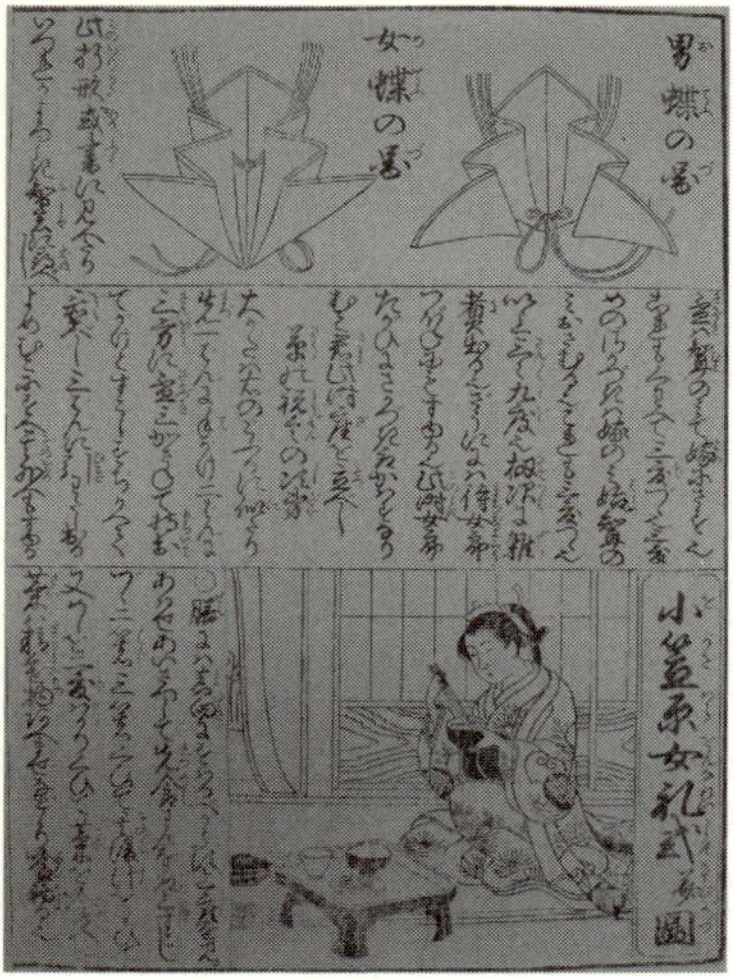

「女礼」版本挿絵
（江戸期刊『女太平都文鑑』）

も当然ながら礼儀作法が必要になってきます。大奥に勤める女性に礼儀作法が必要となれば、諸大名の奥方などもそれにならって学ぶようになっていきます。

水嶋卜也のすぐれた点の一つは、こうした時代の雰囲気を読んで、「女礼」つまり武家の女性向け礼儀作法に着目したことです。

男性向けの礼儀作法書を参考にしながら、「通い」「酌」「宮仕え」「五節句」「縫い物」「装束」「眉作り」「祝い」「産所」「書文」の十の分野について、女性の礼儀作法について説き、十冊にまとめ

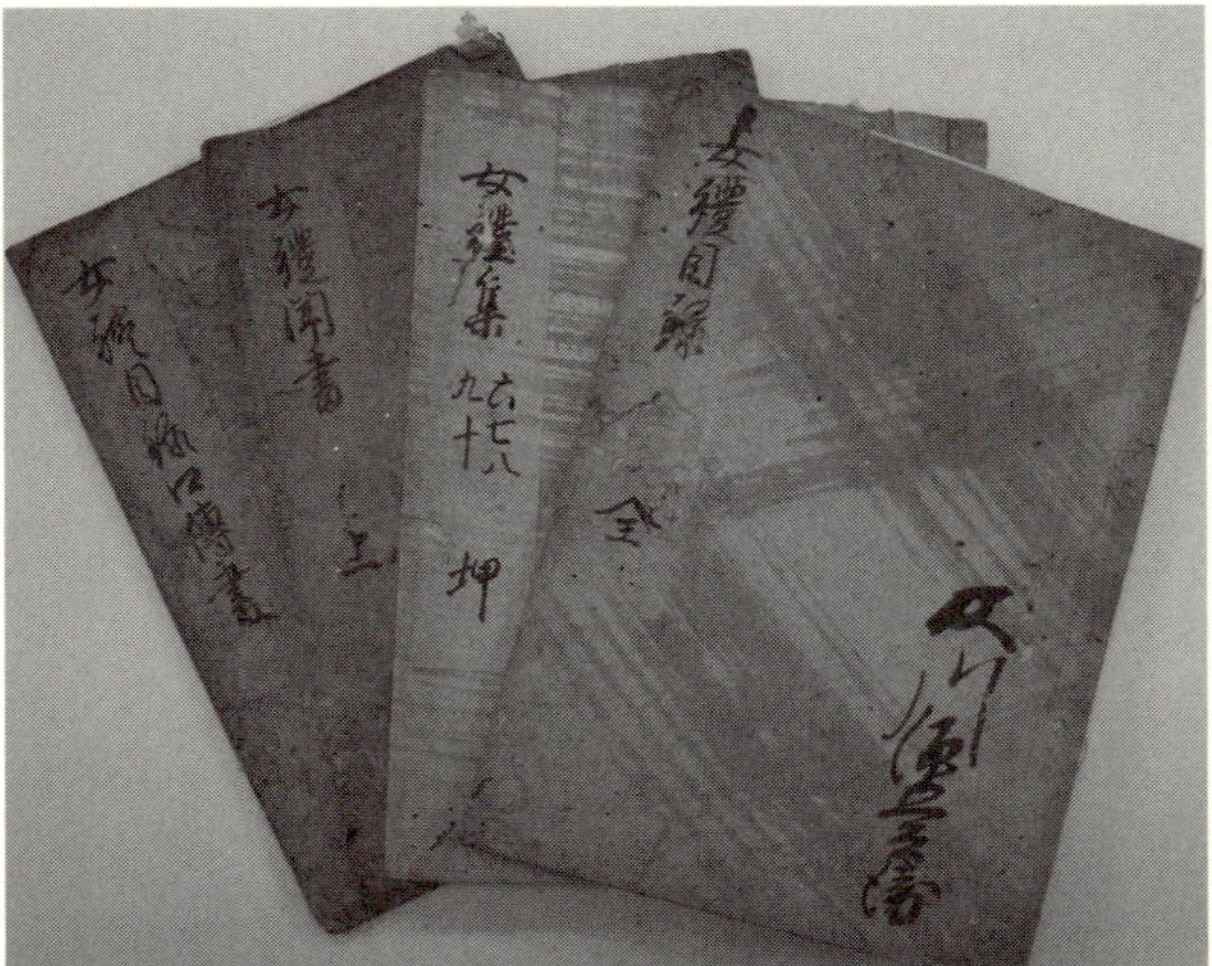

「女礼集」表紙

ました。これは「女礼十冊書」とか「女中十冊書」とか題されて、ひろく流布しました。なお、このうち「眉作り」(化粧)について、あらたに詳しくまとめた「化粧眉作口伝」は、江戸時代を代表する化粧に関する書物の一つであります。

小笠原流水嶋系批判

礼儀作法のうち故実関係は変化しては困りますが、躾《しつけ》方などは実学ですから、時代が変化したら、それに適応したものでなければ意味をなしません。

水嶋卜也やその門流は時代の変化に適応していたからこそ学ぶ人が多かったわけです。礼儀作法の指導者つまり「礼法家」としての収入はたいしたものであったようです。水嶋の門流には、脱藩して礼法家になった人がいます。藩士として藩から給料をいただくより、礼法家としての収入が多いと考えてのことと思います。

これに対して、伝統的だから価値があると考え、変化を嫌う人たちもいます。自分たちの流派のほうがすぐれていると考えており、自分たちが認めたくない流派が栄えていれば、文句の一つもいいたくなると思います。それが伊勢流の大家伊勢貞丈（一七一七〜一七八四）でした。

伊勢貞丈の批判

伊勢貞丈は、水嶋系の諸礼家に対して憤慨し、その著『貞丈雑記』の中で、次のように述べています。むずかしい古文ではないので、原文にしたがって記します。

思ひ思ひに、いろいろの作り事をこしらへて世にはやらかすによりて、今は小笠原流と名乗る者ども皆一様ならず。皆故実を取り失ひたる事多し。その書籍などを見るに、様々偽りたる作り事を記して腹をかかへて笑ふ事多し。小笠原家にてはさぞ迷惑なるべし。

伊勢貞丈は、「小笠原流」と併記される武家礼法「伊勢流」の大家であり、その発言には重みがあります。ですから右に記したことは、水嶋系の諸礼家を批判するときに、よく引用されてきました。たとえば、明治三十五年に刊行された中川愛氷著『日本女礼式』には次のようにあります。

小笠原流などいへば、礼式の本家の如くいひなして、礼式を説く多くの口には、小笠の名の呼ばれざるはなし。かくて多くの人の重きを置き、本邦礼式の最も正しき教なる如く思ひなせる小笠原の家は、元信濃の大守にて、室町将軍に武芸を教へたる弓馬の家にして、実は礼式の家にはあらず、小笠原左京太夫貞慶の家臣小池貞成の門人、水嶋元成といへるもの、その門人などと思ひ思ひに古実になき礼式をつくり、家門の聞こへ高き小笠原の名を借り、おのが作りたる礼式に冠したるものなれば、水嶋流ともいふべきものにて、礼節の正しき家柄といふべきは伊勢流なるべし。

また、昭和になってからの例もあげてみましょう。昭和五年に刊行された相島亀三郎著

『現代国民作法精義』には次のようにあります。

将軍綱吉の世に至り、江戸に、水島卜也といふものあり、自ら、故実を研究し、門を開いて、小笠原流の礼法を、多少変更して、諸礼を教授して居たので、従つて、之を学ぶ者多く、又其の門人も輩出して、爾来礼法を以て、家を立つるもの多く、いづれも、小笠原流と称して、民間にも之を伝へた。併し、是れに伴ふ弊として、謂はゞ是等自己流の礼法家は、各自勝手な形式を作為して、之を古礼故実の如く説き、寧ろ、我が邦の礼法を混乱せしめたるは、誠に遺憾なことであつた。

このように水嶋卜也は、気の毒なほどよく批判され、悪いイメージが形成されていきます。

一様でないこと

先の『貞丈雑記』の水嶋批判を箇条書きにまとめると次の三点になりましょう。

① 諸礼家が、いろいろな礼儀作法を作り、世間ではやらせたため、「小笠原流」といっても一様ではない。
② 故実をふまえず、偽りたる作り事をしている。
③ 小笠原家では、こうした状況を迷惑しているだろう。

この批判を以下検討してみます。

①についてはその通りでしょう。

生活が変化して新しいものが出てくれれば、それに適応する礼儀作法が必要になります。諸礼家たちは、礼儀作法を指導することによって生計をたてていますので、これまでの礼儀作法書に書かれていないような新しいことについて、この場合どうするのですか？

と門弟に聞かれれば、

知らない。

とは答えられないと思います。こうして次々と新しい礼儀作法を作り出していくことになります。もちろん諸礼家たちは、新しい礼儀作法を合議して作るわけではないので、諸礼家によって違いが生じてしまうのはいたしかたありません。

こうしたことは、何も諸礼家だけに見られることではないと思います。柳沢吉保や徳川吉宗に重用された儒学者荻生徂徠（一六六六～一七二八）が、その著『政談』で次のようなことを述べています。

軍法・弓馬・剣術・鉄砲などの書物や、家々の秘伝なども、その流派の人が後から書き加えて、今はもとのものと別なものになっています。

もとのものに付け加えれば、異なってくることもあるでしょう。一様でないことは、時代の変化に適応した一面があったことをうかがわせます。

故実をふまえず、作り事をしていること

②の批判も、①と同じようなことなのですが、故実をふまえて現況に対応できるものは、そのようにしているようです。ところが新しく生じたことに故実は当然ありません。新しいことに関する礼儀作法は故実をふまえたくてもありませんから、故実をふまえないものが生じるわけです。

③は、憶測を述べているのであって、事実を述べているわけではありません。しかし、

現代でも小笠原清信氏が『「美しい女性」と呼ばれる作法秘訣集』で次のように述べています。

世間で「小笠原流」と名づけて、「これが小笠原の作法です」などとまことしやかに伝えているのを、多く見聞きします。江戸時代にも、「小笠原流躾方」という本が市中に出回ったことがあるそうですから、いつの世にも、勝手に名前だけつけて、自己流の流儀を通している人がいるようです。

迷惑しているとはありませんが、肯定的ではないでしょう。江戸時代にも、このようなことがあったかもしれない、と想像することはできます。

さて、このように、伊勢貞丈の批判には問題があると思われますが、にもかかわらずこうした批判を述べなければならない状況に伊勢貞丈がおかれていた、ということでしょう。余裕のある常識人は他に対して寛容なものです。

なお、後で述べますが、諸礼家の出す起請文に「他流批判不可仕」（他流の批判をしてはならない）とあります。江戸時代の諸礼家は、他流を批判することを禁じられていました。

諸礼家に学ぶ

先に小笠原平兵衛家に学んだ加賀藩士渡辺次左衛門の例をみました。諸礼家の場合、仙台藩の例をみてみましょう。

加賀藩に「小笠原流」といっても複数の系統のものが伝わっていたことを先に述べました。加賀藩と同じく外様の大藩であった仙台藩の場合も同様で、複数の系統が伝わっています。伊達家の蔵書目録『観瀾閣伝書目録』には「平兵衛家」の伝書と思われる小笠原流礼法書が多数載っています。また『学びの鏡』には第六代藩主宗村が和田布牧（義見）から軍書の伝授を受けたとあります。和田布牧は、先にあげました水嶋卜也の高弟伊藤幸氏の弟子で、この系統は仙台藩に比較的ひろく伝えられました。以下「和田系」ということにします。

和田系では、和田布牧から学んだ木名瀬小右衛門直行とその子孫直賢・直方の三代がひろく伝えています。大正時代になって『礼法かがみ』という礼儀作法の本を出した日野節斉も和田系の礼法家の一人です。

和田系の礼儀作法の中心となるのは「四礼」です。四礼とは、軍礼、弓礼、馬礼の三礼に躾方を加えたものです。またこの他「四礼の外」として「書法」や「女礼」などがあり、奥義をただ一人だけに伝える「一子相伝」もあります。伝授される巻物は、いろいろな場合があったようですが、百二十巻、書物は百冊、図物は数々あった

水嶋系伝書表紙

ようです。

起請文

仙台藩の和田系の場合、伝承者は藩主に上申した上で師に起請文を提出します。起請文とは学習する前に、守るべきことを神仏などに誓う約束事です。和田系の場合は、その神仏に、この地方の鎮守である塩竈大明神が入ります。塩竈神社は、現在の宮城県塩竈にある神社で、昔から安産の神様として名高いところです。

さて、どのようなことを誓うかは、同じ和田系でも異なったようです。しかし、基本は次の二つです。

① 親子といえども稽古で学んだことを話さない。

② 他流の批判をしない。

①に関連して、「許可無く弟子をとらない」ということもよく記されます。②に関しては、「平兵衛家」では、今日でも「他流は批判しない」とされているそうです。

これらに付け加えて、他の者より免許が前後したとか、相伝内容が多い少ないという理由などで師を恨まない、といったことも記されることがあります。これは弟子たちがこういうことで師を恨むことが多いということを示しています。

現代風にいえば、当時は〈個別学習〉でしたから、個人の能力の差によって過程や結果が違うのは当然です。さらに門弟の家柄や経

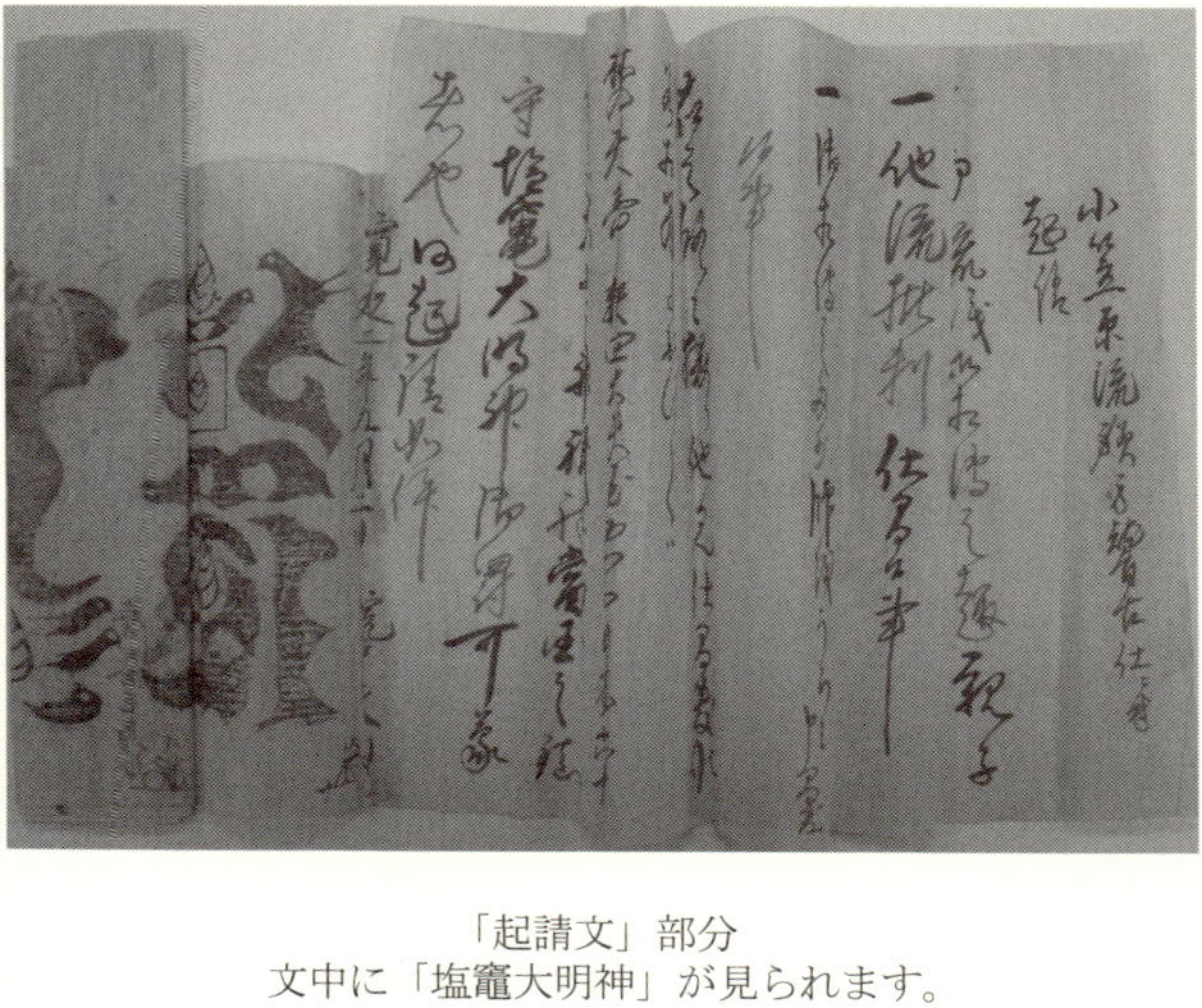

「起請文」部分
文中に「塩竈大明神」が見られます。

済力など、個人の能力とは別なところで差がついたりすることもあります。理不尽なことも少なくなかったと思います。

いつの時代にも「世の中はそういうものだ」などと思って自分を納得させることのできない人たちがいますから、師を恨む弟子も多かったと思います。

免許状

弟子が、ある段階まで学習が進むと、師はそれを認めた書き付けを授けます。それが「免許状」とか「免状」とかいわれるものです。

免許状は、複数出されます。一つは分野によるものです。たとえば享保十三年（一七二八）、水嶋卜也の孫弟子である遠藤七五三が、九州の平戸藩主松浦誠信に授けたのは、三礼の一つである「弓礼」の免許状です。また東北地方の八戸藩にも水嶋系の小笠原流が伝わっています。宝暦十二年（一七二六）、戸来左吉から中里清左衛門に「書礼」の免許状が授けられています。

ちなみに、松浦誠信のものは、高級紙である厚手の鳥の子紙に下絵のほどこされたもので、さすが藩主におくられたものと思われます。中里清左衛門のものは奉書紙全紙を二つ折りにして、表側に書かれたものです。免許状の料紙もそれぞれですが、あらたまったものであることは間違いありません。

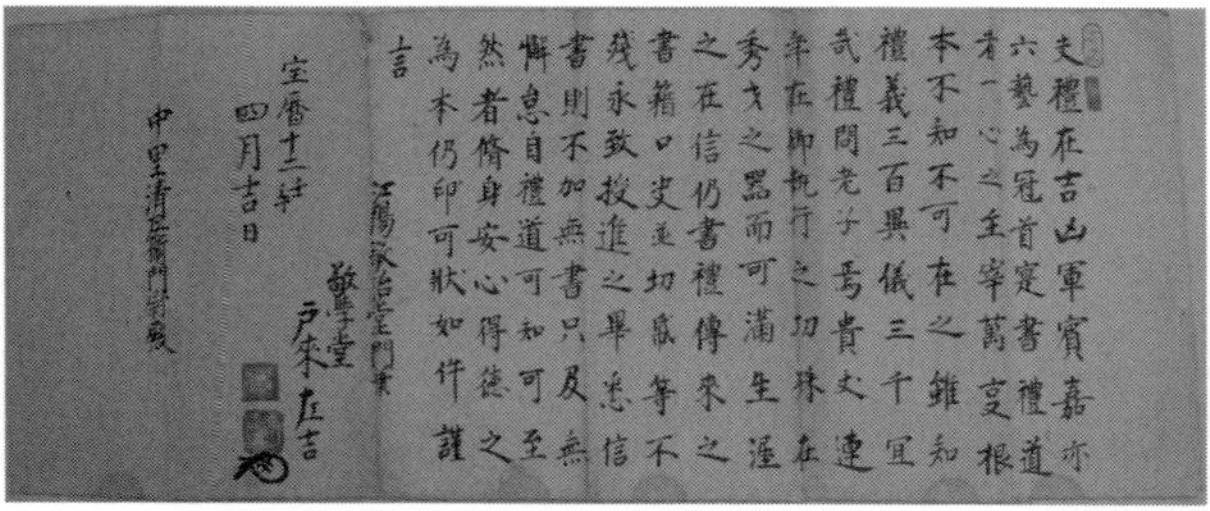

「免許状」一枚物

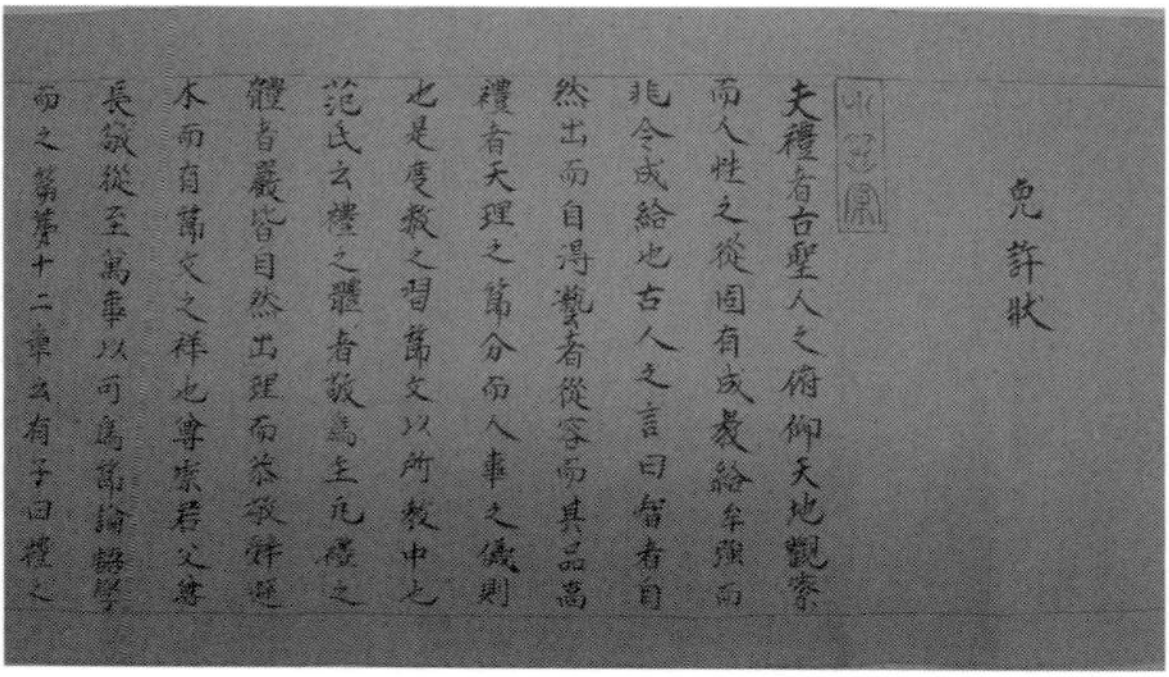

「免許状」巻子本。鳥の子紙使用。

細分化

おそらく初期の段階では、免許状も、各分野で一つといったものだった思います。しかし、時代が下ると、それを細分化し、初免、中免、免許とわけ、「目録」といわれる学習した項目をあげて、これらのことを学習したので免許します、といった形式の免許状を与えるようになります。

こうした段階を設けることは、さしあたりの目標ができますから、途中で挫折するものも少なくなるといった学習効果があります。これは一方で免許を出すたびに収入がある礼法家としては、貴重な収入源にもなったと思います。これらのほかに「切紙伝授」といったものや「一子相伝」といったものもあります。

惣免許

分野ごとの学習が終わり、各免許が授けられると、最終免許である「惣免許」が与えられます。すべてが伝えられたということで、「免許皆伝」といわれることもあります。一例として、飯田勝承が日野資休に授けたものを『礼法かがみ』から以下に引用します。

免許状

小笠原御家流四礼、累年御執行不浅、依而此度悉く皆伝に付、伝来之伝記・伝巻并折形、図物等迄不残遜遺候。若子孫之内執心之輩有之候はゝ、人品に随ひ、伝受可被相継候。仍如件。

享和三年閏正月　　　　　　　飯田可壮　勝承判

日野幸太夫殿

どのようなことが書かれているか簡単にまとめますと次のようになります。

あなたは小笠原流礼儀作法を、長年熱心に学んできました。すべてのことを残らず相伝しました。もし子孫などに相伝しても良い者がいましたら相伝してもよろしいです。

これはあくまでも一例で、たとえば死んだら礼儀作法書を宗家に返却するか燃やしなさい、といったことが書かれたものもあります。

また、武道・芸道の免許を「印可」といいます。もともとは仏が弟子の理解を承認したり、師僧が弟子の悟りを証明することで、「印信許可」の略です。

仙台の日野家に伝わった水嶋系のものや会津に伝わった水嶋系のものなどに「印歌状」と表記されたものがあります。注目されるのは「印可」ではなく「印歌」とあることです。これは単なる誤字ではなく、この系統の一つの特徴といえそうです。

出版物

これまで述べてきました個別指導の下では、礼儀作法書は「写本」つまり書き写されたものでした。ところが江戸時代は出版文化の時代でもあります。礼儀作法もその例外ではありません。礼儀作法を教える人が使用したかは不明ですが、それで学習した人がいたと思われますので、見過ごすこともできません。そこで、少しばかり紹介しておきます。

礼儀作法は、まず礼儀作法のことだけが記されている「専門書」として出版されました。これはさらに文字だけのものと必要最低限の絵入りのものとがあります。『和礼儀統要約集』はそうしたものの一つです。

挿絵が豊富なものとしては、法橋玉山著『〈児童躾方画図手引〉小笠原諸礼大全』が第一にあげられます。文化六年（一八〇九）の序文があります。明治時代になっても刷られ続けたベスト・セラーです。

また「往来物」といわれる教養書などの一部として載ることがありました。口絵に載ることもあれば、上段に載ることもあります。

また江戸時代も後期となりますと、地方から江戸に出てきた人がおみやげに買って帰る、「辻売り」として刷られたと考えられる数丁のものもあります。

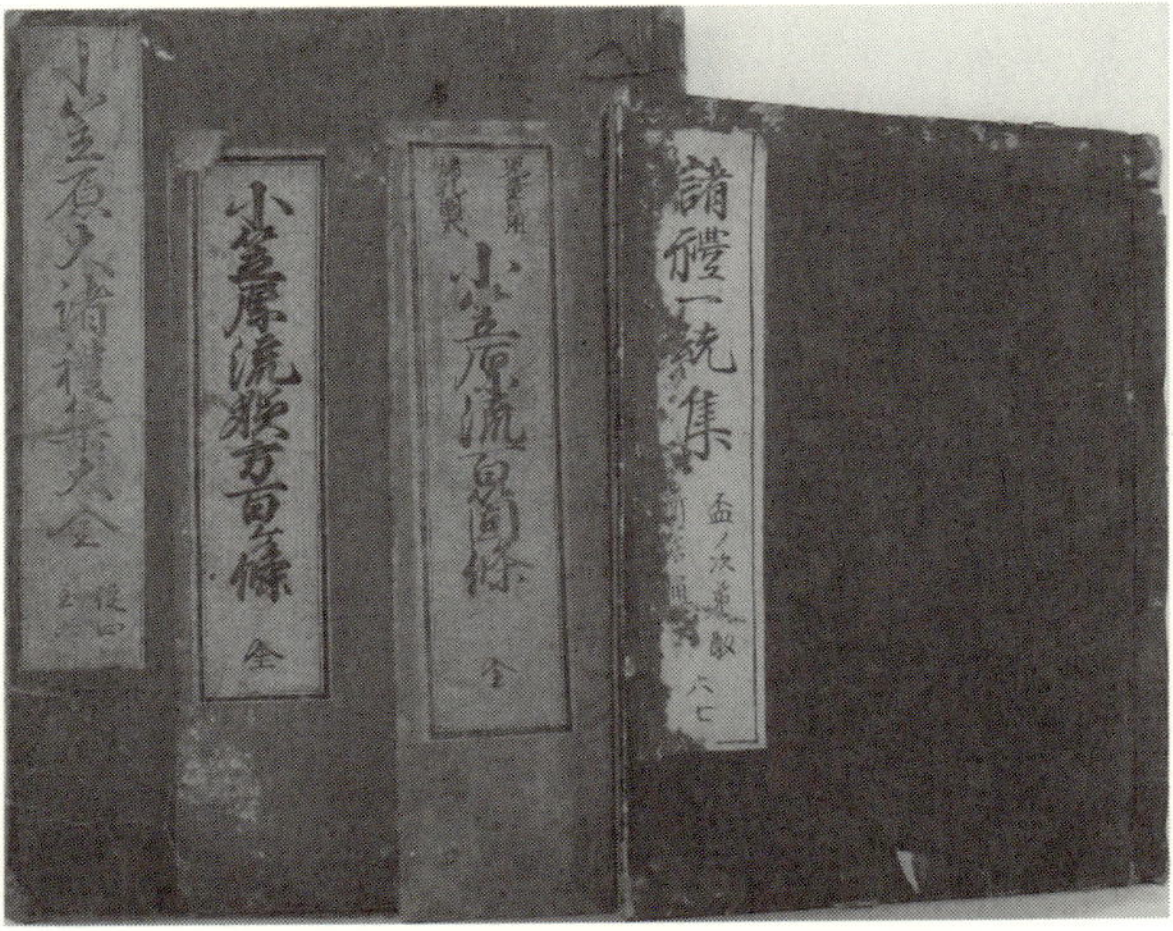

各種礼儀作法書〈版本〉表紙

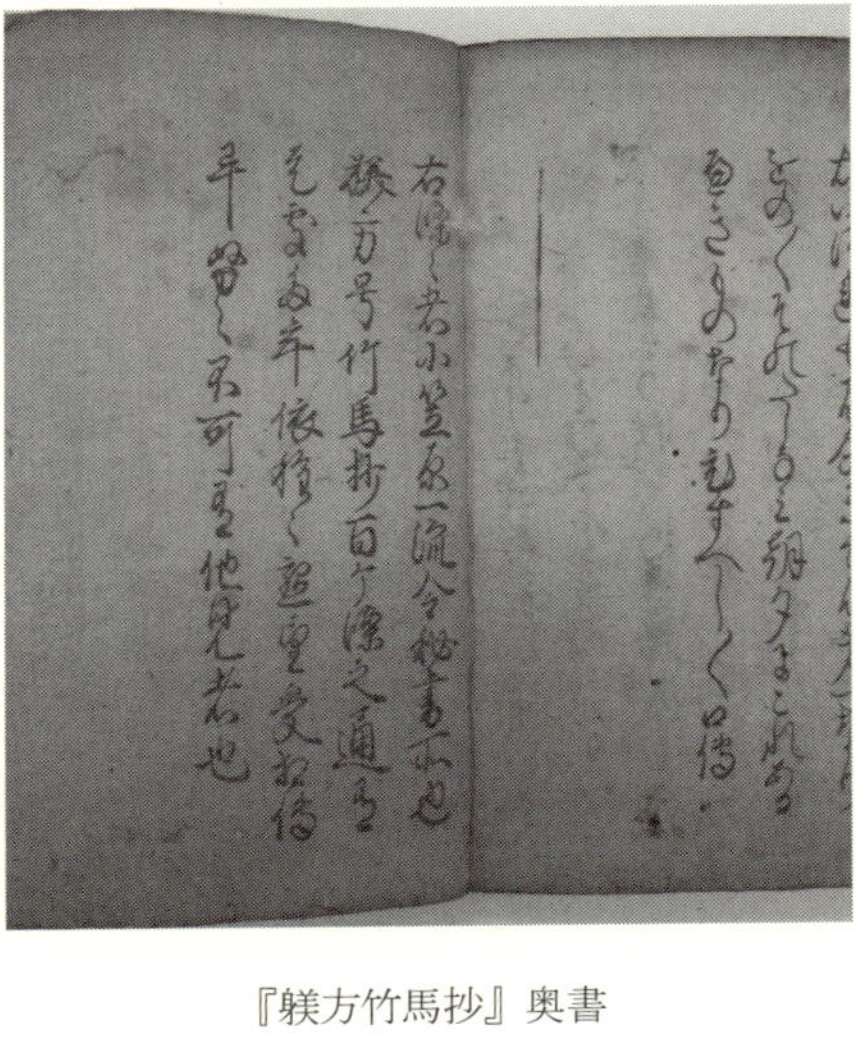

『躾方竹馬抄』奥書

『〈児童躾方画図手引〉小笠原諸礼大全』表紙

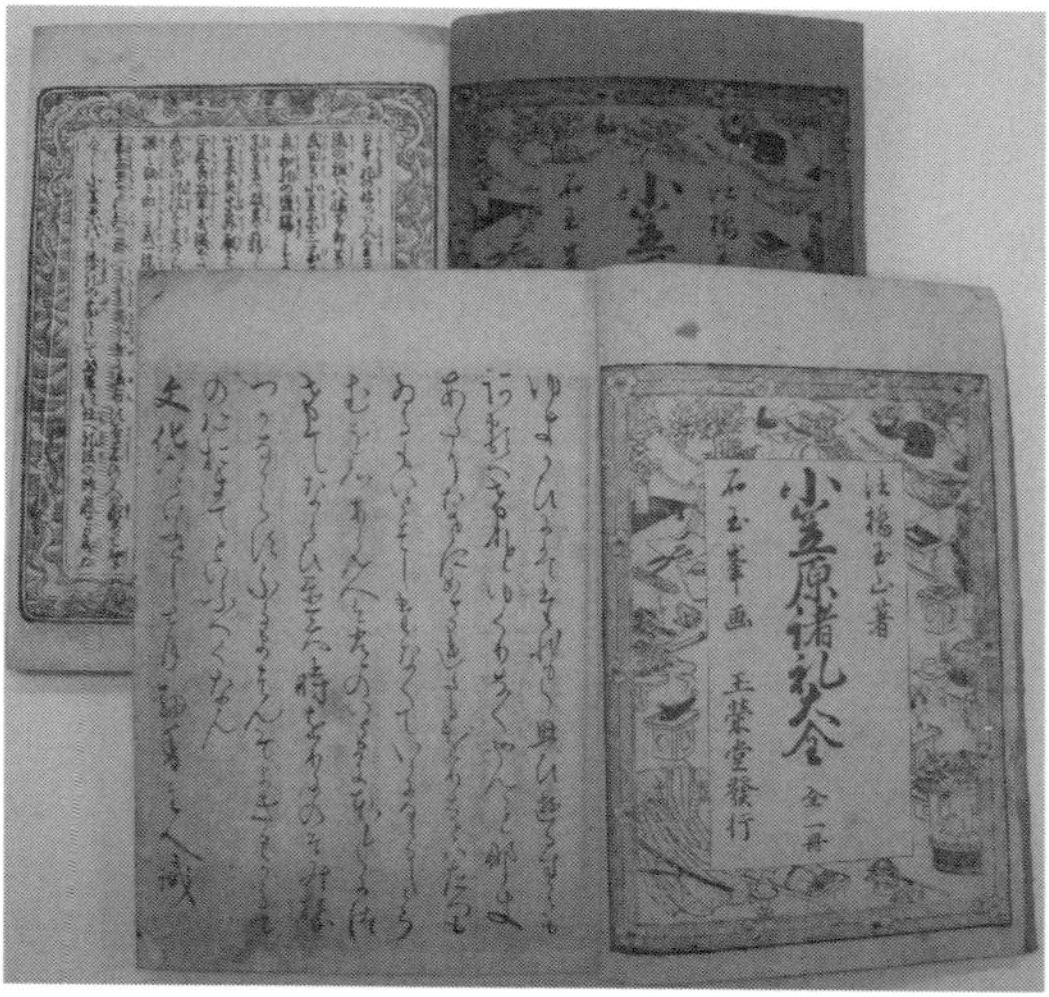

同見返し（江戸期刊と明治期刊）

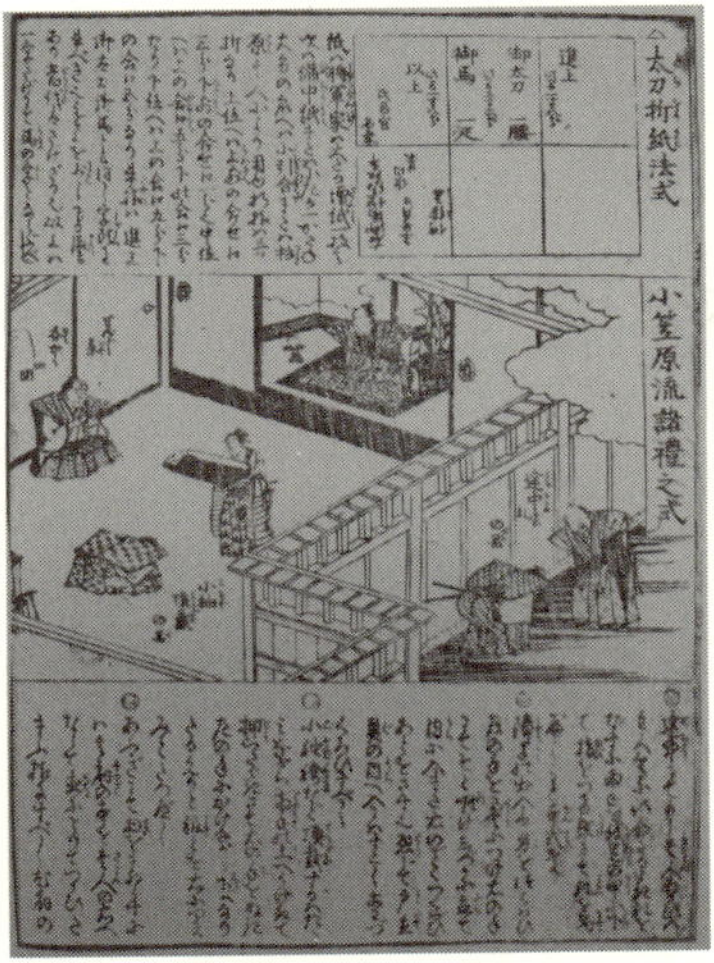

江戸期刊『永代節用無尽蔵』所載礼法挿絵

『小笠原男女諸礼しつけかた』表紙（辻売り）

Ⅳ　明治時代

明治維新と小笠原流礼法

明治維新は、さまざまな点で、さまざまな物事に大きな変化をもたらすことになりました。礼儀作法もその例外ではありません。着るもの、身につけるものが洋風化し、ドアや椅子やテーブルのある住居に変わるなどすれば、礼儀作法もそれに適応したものとならなくてはなりません。

小笠原流の礼法家は時代の激変に対して適応し、小笠原流礼法は変化していきました。徳富猪一郎は『国民叢書　青年と教育』（明治二十五年）で次のように述べています。

　女子の教育と云へば、其の器能を発達するの上よりすれば、挿花も教育の一なるべし、小笠原礼式も教育の一なるべし、茶の湯も教育の一なるべし。

「華道、礼式、茶道」ではなく、「華道、〈小笠原〉礼式、茶道」なのです。明治時代になっても礼儀作法は小笠原流なのでした。

徳富猪一郎が述べていた女子教育と小笠原流礼法の結びつきには、「平兵衛家」の小笠原清務が大きな役割を果たしました。その点について以下みていくことにいたしましょう。

江戸時代からのもの

明治維新後、文明開化の風潮のもと、欧米の思想や生活を紹介した著書や翻訳書が少なからず出版されました。礼儀作法書も同様です。たとえば明治十一年には、

五月　『英米礼記』矢野龍渓（文雄）抄訳
　　　『泰西礼法』高橋達郎訳・川本清一検閲
十二月　『英国交際儀式』渡辺豊訳述

といった欧米の礼儀作法書が翻訳、刊行されています。

その一方で、『小笠原諸礼大全』のように、明治になっても、江戸時代に刊行された書

物がそのまま発刊されており、往来物に多く見られる礼儀作法に関する記事も差し替えられたわけではありません。

また大橋又太郎編『和洋礼式』は「日用百科全書第一編」として明治二十八年に発刊されたものです。「凡例」に、参考とした図書について以下のように記しています。

一引用参考書主に貴族院議員正三位野村素介君の珍蔵と、都下有名の蔵書家中川徳基翁の秘書、其他図書館に収むる処の材を採れり。其大略左の如し。

女訓訓蒙図彙　羽陽叢書　大和俗訓　女鏡秘伝書　諸礼集　女訓姿見　女年中用文
女中道しるべ　世話重宝記　武家重宝記　女子修身鑑　大和俗訓（註・重複）
小笠原諸礼大全　嫁入談合柱　婚礼仕用罌粟袋　女諸礼式綾錦　女用智恵鏡
大学女子訓　女中庸　女孝教　女論語内訓　女小学躾草　都風俗化粧伝
女諸礼躾草　女重宝記大成　小笠原流百ヶ条　躾方　社会字彙　楽翁公遺書
古今和歌集　礼記　大和字礼　女礼式　女鑑　日本風俗史等

一以上列記する書の古書、随筆、写本等、得るに従ひて取捨し、載録して、刻苦精励を極めたれども、煩雑、乱緒、一括して壷中に納むべくもあらず、遺算固より多々からむ、幸に諒されよ。

『和洋礼式』表紙

『近世欧米礼式』など表紙

「重宝記」類、「小笠原流礼法書」類、「女訓物」類など、江戸時代に版行されたものが大半を占めています。このように受け継がれたものも多くあったのです。

小笠原清務　その1

小笠原清信氏の『小笠原流』によりますと、江戸時代最後の小笠原平兵衛家当主常正は弘化三年（一八四六）に生まれ、将軍目代として射術・馬術・軍法・礼法の師範となり、文久二年（一八六二）には、徳川家茂と和宮の結婚御用掛を命じられています。明治維新の年、清務と名をあらため、大正二年、六十八歳で亡くなっています。

明治維新以後、政府は欧米化をすすめましたが、その反動として、国家主義的になっていきました。そして、後の「教育勅語」と深い関係のある『教学聖旨』が公布されることになります。そうした時代の背景のもと、明治十三年、小笠原清務は、東京府へ「学校において女礼教脩之儀上稟」を提出し、礼法教授の必要性を建議しました。その結果、神田小川小学校（裁縫所）などでの「女礼式」の授業の開始がなされるようになり、小笠原家は、その教授を担当することとなりました。

以上のような経緯があって、明治十四年五月、小笠原清務・水野忠雄を編集兼出版人として『小学女礼式　第一』が刊行されました。この二人は、明治十六年には『新撰立礼式』を編んでいます。

女礼式

『小学女礼式　第一』は、「女性向け」の礼儀作法を説くものです。「緒言」などが七頁、本文が六十五頁ですので大部のものとはいえません。しかし、江戸時代に「武士」という男性を相手にしていたことから考えれば、コペルニクス的転回であったといえましょう。

しかも、当時一般的だった和装本でなく、欧米化にあわせたかのように洋装本で、木版ではなく活字本です。大きさも、縦十八・五センチメートル、横十二・一センチメートルと、先にあげました当時の欧米の礼儀作法を翻訳した礼儀作法書によく見られた大きさです。

内容は「起居進退」「物品薦徹」「陪侍周旋」「授受捧呈」「進饌程儀」「飲食程儀」「附録」からなっています。女性用にもかかわらず、漢字ばかりで、なんというむずかしい表現でしょう。しかも、漢字にふりがなが付されていません。江戸時代に刊行された礼儀作法書にしばしばみられた挿絵もありません。

その意気込みは伝わるのですが、はじめての試みということもあったためか、利用者へのサービスは欠けているとしかいいようがありません。

しかし、それはどうしようもないことだったと思います。たとえば、明治のはじめ、旧中津藩領（今の大分県の一部）では、「どうしようか」ということを、上等士族は「どをしよをか」、下等士族は「どをしゅうか」、農民・商人は「どげいしゅうか」といっていたそうです。それまで「武士」階級に所属していて身についたものというものは、そうそう簡単には変えることはできません。

なお、明治十六年四月には、小笠原清務・水野忠雄が『小学女礼式　第一』よりはわかりやすい『小学女礼教授法』を編纂刊行してます。

『小学女礼式　第一』の「緒言」

『小学女礼式　第一』の「緒言」には「今回当府各公立学校に於て女礼式を設けられ、起居進退の作法を生徒に伝習せんかため、府庁より依嘱ありて、我等をして其式目を定めしむ。」とあります。

礼儀作法は、生活の様々なことにありますが、学校教育では「起居進退の作法」にしぼられたことが注目されます。明治時代の礼儀作法書は、「学校教育用」と「一般用」の二つに大きく分けることができます。『小学女礼式　第一』以後、学校教育用では、「起居進退の作法」が内容の中心になっていくことになります。

なお富山藩士で、小笠原流水嶋系の礼法家であった田村節蔵が、次のようなことを述べています。

小笠原家は、もともと「弓馬故実」の家です。しかし足利義政将軍のころに、伊勢家の「立居進退」の礼儀作法を学び、小笠原家の礼儀作法に加えて、家流としました。このようなわけで、今は「弓馬故実」と「立居進退」の作法に至るまで扱います。

このように学校教育での中心「起居進退の作法」は、諸礼家が伊勢流からとりいれた分野と考えたものなのです。これだけが理由ではないでしょうが、先にあげました中川愛氷のように、近代になって伊勢流の礼法家からは、小笠原流は「弓馬故実の家」だから正統な礼儀作法の家ではない、と批判されることになります。

『小学女礼式訓解』

『小学女礼式　第一』刊行後、これをもとにした複数の「女礼式」の教科書が出版されました。江戸時代の小笠原流の最高権威の小笠原家が編んだものということがあったからだと思います。「利用者へのサービスは欠けている」と先に述べましたが、以下、どのようなものが刊行されていったかを紹介し、どのような点が改善されたかみてみましょう。

まず明治十五年十一月に高橋文次郎編輯『小学女礼式訓解』が刊行されています。内容が一部言い換えられたり、省略されていますが、『小学女礼式　第一』を解説したもので、書名の「訓解」はそのことを示しています。

内容を具体的に視覚化した、四十九点の挿絵も加えられています。

また、すべての漢字に読み仮名が付され、濁点も付されています。

このように使い勝手が『小学女礼式　第一』よりもよかったためか、この後に出版されたものの中には『小学女礼式　第一』ではなくて『小学女礼式訓解』をもとにするものもありました。

『増補図解　小学女礼式』

明治十五年十二月に西村敬守著『増補図解　小学女礼式』が刊行されました。これも『小学女礼式　第一』を解説し、挿絵を加えたものです。

『増補図解　小学女礼式』には「緒言」があります。それは次のような内容です。

貞操従順をもって徳の本とし、優雅・端正・温和をもって礼の要としていた婦女子が、文明開化によって、かたわらに人がいないかのように「高声談笑」し、漢語を使用して人に誇り、道路では大歩横行し、危座して談論し、立って物の受授をし、父母兄姉の言に逆らい、貞操を旧弊、礼譲を卑屈と詈り、男女同権、自由、権利を叫ぶ、不貞不孝の悪徳が増長してます。それを憂慮していたところ「小学女礼式」が制定され、小学修身課に編入し習わせることになりました。それは「近来の一大美挙」です。しかし、府下の公私小学で実施しているところが少なく遺憾です。そこで「私撰増補」を付して傍訓をつけ、図画をつけて、世に公にして、婦女子に知らしめ、今日の弊風を矯正する助としたいと思います。

書名に「増補図解」とあるように、傍訓が施され、口絵が付されています。

『小学女礼式絵入種本』

明治十七年八月に嵯峨野増太郎編輯『小学女礼式絵入種本』が刊行されています。

これまでの『小学女礼式訓解』『増補図解　小学女礼式』は和装の半紙本でしたが、『小学女礼式絵入種本』は大きく異なり、銅版刷、洋装本、小本です。書名にある「種本」の由来は、「小本」によるものでしょう。

内容は「起居進退」「物品薦徹」「陪侍周旋」「授受捧呈」「進饌程儀」「飲食程儀」「附録」から成り『小学女礼式　第二』と同じですが、本文は『小学女礼式訓解』と同じですので、後者をもとにしたと考えられます。書名にありますように「絵入り」です。

『註訳増補小学女礼式』

明治十七年十一月に小松信香編輯『註訳増補小学女礼式』が刊行されています。内容は『小学女礼式訓解』と同じ本文に「註」が付けられたものです。

小松家は代々伊勢流と小笠原流をおさめた高松松平藩士の家です。小松信香は小笠原鍾次郎に学びました。小笠原鍾次郎についてはよくわかりませんが、小笠原平兵衛家の関係者でしょうか。小松信香は、藩校講堂館で礼式を教えています。著書には『註訳増補小学女礼式』の他に『日本諸礼式』があります。

なお『註訳増補小学女礼式』は、愛媛県士族の小松信香が、愛媛県の開文舎から発行し、「序」も「愛媛県小学督業綾田桃三」です。つまり地域社会の礼儀作法書なのです。藩立学校で礼儀作法が教えられたのですから、こうした礼儀作法書にも地域出版のものがあって当然なのですが、あまり知られていないようです。地域文化とのかかわりでもう少し注目されてよいように思います。

小松信香『日本諸礼式』表紙
鳩の絵が描かれています。

地域社会の礼儀作法書

ついでながら地域社会の礼儀作法書をもう二つあげておきます。

一つは明治十五年四月に刊行された『小学礼法』です。編輯者鹿又祐蔵は宮城県士族、仙台区在住であり、出版人の高橋藤七（楽善堂）も宮城県平民、仙台区在住です。また「序」は「宮城県学務課長芳賀真」が書いています。「凡例」に「此編は専ら宮城県の小学教則に適当せしめたるもの」とあります。編輯者鹿又祐蔵は、仙台藩主やその姫に小笠原流礼法を伝授した鹿又氏の後裔かと思われます。

一つは明治二十年七月に刊行された『日本礼式小笠原流要略』です。越前勝山藩主であった小笠原長育が見閲しており、編纂者の松井市三、出版人の永井信はともに福井県大野郡勝山の人、出版人の岡崎佐喜介も同県足羽郡の人です。先に述べましたように勝山藩には小笠原流礼法が伝わっています。

小笠原清務　その2

これまで述べてきましたことで、『小学女礼式　第一』が後の「女礼式」の教科書のおおもとになっていたことがおわかりになると思います。そのおおもとを編んだ小笠原清務は、明治時代を代表する礼法家といってよいでしょう。そこでもう少し小笠原清務について述べてみたいと思います。

小笠原清信氏の『小笠原流』によりますと、小笠原清務は、明治十五年から、東京女子師範学校で立礼式を教え、明治十二年から十八年までのあいだに、東京府下に二百余りの礼法教場を開き、明治二十八年には華族女学校の女礼嘱託となっています。『女学雑誌』(第一号、明治十八年七月)には次の記事が掲載されています。

○女婦女礼式会　諸礼式の家本の家小笠原清務氏の発企にて華族方の婦女子に毎月両回づゝ礼式会を演習せしむる会合を開かむと目下協議中のよし

協議の結果、「女婦女礼式会」のことが実現したか否かは不明ですが、礼儀作法をひろめるために、このような試みもしていたことがわかります。

小笠原流の指導

小笠原清務が猿楽場に開いた小笠原教場の顧問は、小倉藩主の系統の小笠原長幹伯爵、唐津藩主の系統の小笠原長生子爵でした。その稽古に関しては、小笠原清務の孫清信氏は『小笠原流』で次のように述べています。

大正生まれのわたくしは、生まれた年に祖父がなくなっており、少し大きくなってからは関東大震災、さてはこの前の戦争とあいつぎ、昔の稽古が具体的にどのようにおこなわれていたか、あまり直接には知らない。

具体的にどのように教場が運営され、どのような人々が通っていたのか、など細かなことは不明です。

旧阿波藩主であり、侯爵であった蜂須賀茂韶子息正韶と第十五代将軍徳川慶喜三女筆子のあいだに生まれた蜂須賀年子に『大名華族』という著書があります。その中に「姫様修業」について記されており、小笠原の家元の箸使いの話が書かれています。それに以下のようにあります。

「これは小笠原流なんだ」

と父は口ぐせのようにつぎのような話を私どもにした。

また蜂須賀家の女中指導には小笠原流の家元があたっていたことも記されています。

徳川本家の礼法主任のようなことをしていた、とありますので、蜂須賀家の作法指導にあたっていた家元とは小笠原清務のことでしょう。

小笠原清務は、多くの道場を構えて指導し、女学校の作法教育に深く関与した人物です。

この女学校の作法教育については、小笠原清信氏が、

それを受講する学生にとっては、非常に厳しくいやな授業であったということは、いま、懐古されるいろんな年配の方々にうかがいますと、一番きつい授業だったと。

と述べています（「作法とは」）。

小笠原清務の評価

小笠原忠統氏は、小笠原清務の成したことに関して次のように批判的です。

女子教育には礼法は欠かせないものとして採り入れられ、しかも小笠原流を称する教師によって、形式を主眼にして教えられるようになっていった

（『日本人の礼儀と心　小笠原流伝書の教え』）

女学校での作法教育は小笠原流イコール窮屈の連想を育てるのに充分な〝功績〟があった

形だけを強いる作法教育を小笠原流では否とするのである

（『小笠原流礼法入門』）

一方、小笠原清信氏は、女学校の作法教育は、女学生が、将来育てる子供のしつけが担当できる親になることを目標としており、「女学校の作法教育というものが決して失敗ではない」と述べています。また小笠原清信氏は小笠原清務につ

各種「女礼式」表紙

いて、

明治の文明開化のなかで、従来の礼式をいかに近代生活に適応させ、近代教育制度のなかにとり入れさせることに、どんなに力をつくしたかがうかがわれるのである

と述べています（『小笠原流』）。

小笠原流礼法の歴史での小笠原清務の事績の意義は次の二点で高く評価してよいかと思います。

1　明治維新後の激変に適応する礼儀作法の改革を試みたこと。

2　近代教育制度に礼法教育をとりいれさせ、その普及に成功したこと。

アリス・ベーコンの予想

明治時代に、東京女子高等師範学校などで教師をつとめたアメリカ人のアリス・ベーコンが、『明治日本の女たち』で次のように述べています。

礼儀作法の師範のような人はじきに過去の遺物になってしまうのではないだろうかと、少しばかり残念に思う。

ふすまの正しい開け閉てを学んでいるような悠長な時代は過ぎ去ってしまった。この忙しい一九世紀にそんなことをしている暇などないことに、日本人も気がつきはじめている。新しい教育制度のもとでは、こうした礼儀作法は女学校でしか教えられない。男の子は作法の授業を受けなくなってしまった。

しかし、アリス・ベーコンの予想ははずれ、礼儀作法の師範は過去の遺物とはなりませんでした。小笠原家は清務のあとも、清明、清信、清忠と続き、「家元」として今日まで存続していますし、清忠氏には後継者となるべき立派な男子もおります。なお「小笠原流礼法」という名称は、「家元」（弓馬術礼法小笠原教場）の「登録商標」で、他のものが許可無くこの名称を用いて礼儀作法を教えることはできないことになっています。ただし、現在「小笠原流礼法」を称して教えている人すべてが認可を受けているか、というとそうでもなさそうです。

なお、酒巻寿氏は、明治時代、三輪田女学校の畳敷きの作法室でかるたをした思い出を語っています。この「作法室」と称される畳敷きの教室は、現在も高等学校によってはあ

某高等学校作法室（写真）

ります。お茶やお花などの部活動がおこなわれることが多いようです。名ばかりかもしれませんが作法室も今日まで伝わっています。

明治以後の惣領家

最後に小倉藩主であった「惣領家」についで述べたいと思います。

明治維新のおりの惣領家当主小笠原忠忱は、この時わずか四歳です。忠忱の父である忠幹は、すでに慶応元年（一八六五）に没しているため、忠幹から忠忱への「一子相伝」はなかったと考えられます。ただし、万が一の場合も想定して、一子相伝の「奥義」は、近臣の者にもひ

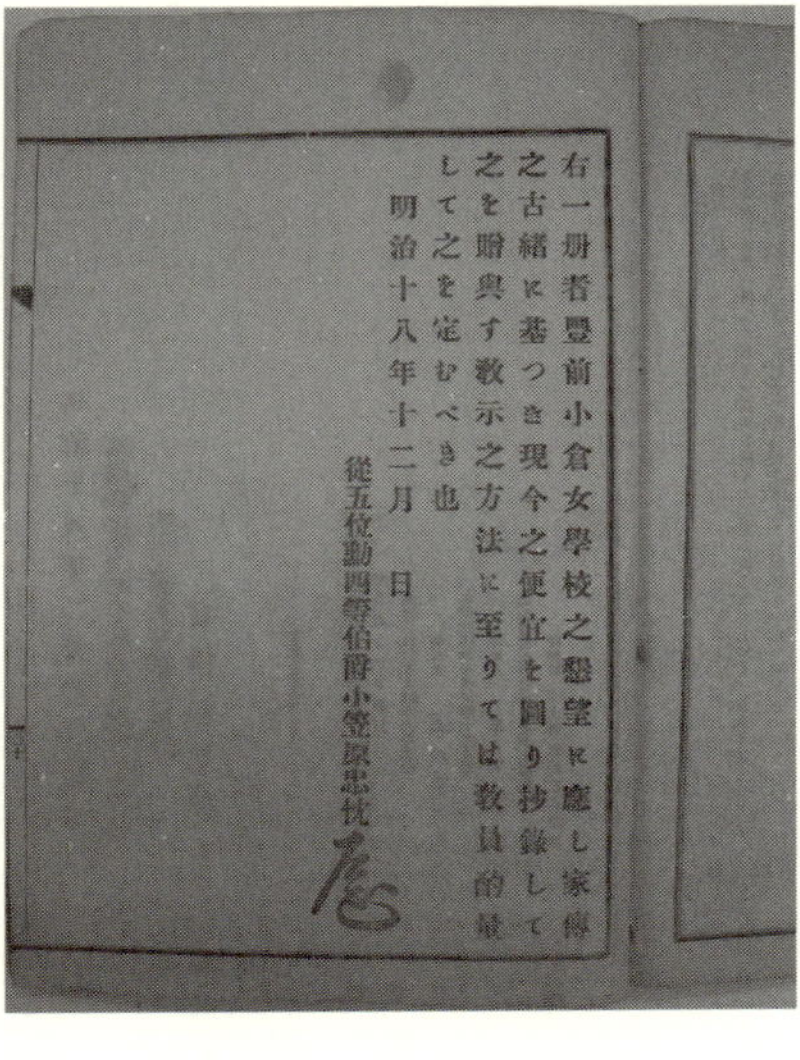

右一冊者豊前小倉女學校之懇望に應し家傳
之古緒に基つき現今之便宜を圖り抄録して
之を贈與す教示之方法に至りては教員酌量
して之を定むべき也
明治十八年十二月　日
従五位勲四等伯爵小笠原忠忱

小笠原忠忱『女礼抄』奥書

そかに伝えられたともされるので、忠怳の場合もそうしたことがあったかもしれませんが、不明です。

忠怳には、後に礼法家としての活動もみられ、明治十八年には小倉女学校の依頼により『女礼抄』を著していますから、教授できるだけの礼儀作法を学んだことは間違いありません。しかし、そうしたものを、何時、誰から、どのように学んだかは不明です。

惣領家が「宗家」として礼儀作法を指導するようになるのは、忠怳の孫の小笠原忠統氏からです。忠統氏の父の長幹は、「小笠原平兵衛家」の小笠原清務の道場の顧問をつとめるなどはしましたが、表だって礼儀作法の指導はしなかったようです。

宗家の礼儀作法

では、忠統氏の指導した礼儀作法はどのようなものかといえば、その著『日本人の礼儀と心　小笠原流伝書の教え』によりますと、次の二つの核からなります。

①『七冊』『九草子』『三議一統』『大冊子』などの古くから伝わる小笠原流の礼儀作法書によるもの。
② 小笠原流の統領家として育てられてきた中で躾けられてきたもの、親や家職の老人たちから口伝えに教えられてきたこと。

忠統氏は、「宗家」として積極的に活動し、門人を育成し、少なからずの小笠原流に関する著作を残した、現代の特筆すべき礼法家です。いわば〈忠統系小笠原流〉を創りあげたといってよいでしょう。

その影響を受けた人も少なくありません。たとえば、文明論者の木村尚三郎氏は、忠統氏にインタビューし、またその著作から学んでいます。

なお、現在「宗家」は小笠原敬承斎氏に引き継がれています。小笠原敬承斎氏にも『小笠原流礼法入門　美しいふるまい』など複数の礼儀作法の著書があります。

参考文献

はじめに

高峰三枝子『人生は花いろ女いろ』一九八六年、主婦と生活社。

熊倉功夫『文化としてのマナー』一九九九年、岩波書店。

I 江戸時代以前

島田勇雄・樋口元巳校訂『大諸礼集1・2』一九九三年、平凡社。

二木謙一『中世武家儀礼の研究』一九八五年、吉川弘文館。

二木謙一『中世武家の作法』一九九九年、吉川弘文館。

宇都宮泰長編著『小倉藩文武学制沿革誌』一九九九年、鵬和出版。

増田昭子「会津・只見町の小笠原流礼法巻物と民俗」(『民具マンスリー』427号、二〇〇三年)

Ⅱ　江戸時代　その1

小笠原忠統『日本人の礼儀と心　小笠原流伝書の教え』一九七二年、カルチャー出版社。

小笠原忠統『小笠原流礼法入門』一九九一年、日本文芸社。

上野晶子・八百啓介「北九州市立自然史・歴史博物館所蔵小笠原文書の礼法書について」

（『北九州市立大学　文学部紀要』第71号、二〇〇六年）

『豊津町史上巻』一九九二年。

『勝山市史第二巻』二〇〇六年。

小笠原清信『小笠原流』一九六七年、学生社。

Ⅲ　江戸時代　その2

中嶋次太郎『小笠原氏の虚像と実像』一九八〇年、銀河書房。

陶智子『近世小笠原流礼法家の研究』二〇〇三年、新典社。

陶智子『「女礼十冊書弁解」全注』一九九八年、和泉書院。
小笠原清信『「美しい女性」と呼ばれる作法秘訣集』一九九〇年、主婦と生活社。
『仙台市史　資料編9』二〇〇八年。
蜂須賀年子『大名華族』一九五七年、三笠書房。
小笠原清信「作法とは」（日本建築学会編『作法と建築空間』一九九〇年、彰国社）

Ⅳ　明治時代

江口敦子・住田昌二「礼法教育の研究（第一報）小学校における礼法の成立過程」（『日本家庭科教育学会誌』第26巻第2号、一九八三年）
アリス・ベーコン　矢口祐人・砂田恵理加訳『明治日本の女たち』二〇〇三年、みすず書房。
尾崎左永子『おてんば歳時記』一九八六年、講談社。
木村尚三郎『作法の時代　小笠原流を生かす』一九九六年、ＰＨＰ研究所。

小笠原敬承斎『小笠原流礼法入門　美しいふるまい』一九九九年、淡交社。

おわりに

〈文化〉というものは、わが身を守る「鎧」みたいな一面があります。何もまとわずに社会に出るのでは、生傷がたえません。社会に出ても「礼儀作法」という〈文化〉を身につけていれば、我が身を守ってくれることが多々あります。アリス・ベーコンも次のように述べています。

日本の若い女性が、予期せぬことに直面してもけっして取り乱さないのは、しっかりと礼儀作法を教えこまれているからではないだろうか。アメリカの若い女性ならば、ぶざまにまごついてしまうような場面でも、日本の女の子は落ち着き払っている。

〈文化〉というものは、一朝一夕に成るものではありません。礼儀作法という文化も、長い歴史の中で育まれてきたものです。

礼儀作法の歴史を語るのに、たとえば「立ち居振る舞い」の礼儀作法にはどのような変遷があり、それにはどのような理由があったのかを語る方法があります。どのような礼儀作法の書物が作られ、出版されたかの歴史を語る方法もあります。「女らしさ」「敬語」といった差異・区別の歴史とからめて述べる方法もあります。いろいろな方法がありますが、何ぶんにも限られた紙数ですから、本書では、「人」に主眼をおいて、「図書」についても少しふれながら、礼儀作法の歴史の一端を語ってみました。本書が、礼儀作法という文化に興味を持つきっかけとなっていただければ幸いです。

綿抜 豊昭（わたぬき とよあき）
1958年8月21日　東京都に生まれる
1981年3月　中央大学文学部文学科卒業
1988年3月　中央大学大学院博士後期課程単位取得退学
学位：博士（文学）
現職：筑波大学大学院教授
主著：『近世日本礼儀作法書誌事典』（共編, 2006年, 柏書房）
『絵で見る明治・大正礼儀作法事典』（共編, 2007年, 柏書房）
『政宗の文芸』（2008年, 大崎八幡宮）
『松尾芭蕉とその門流—加賀小松の場合』（2008年, 筑波大学出版会）

新典社新書 33
礼法を伝えた男たち

2009年4月7日　初版発行

著者 ——— 綿抜豊昭
発行者 ——— 岡元学実
発行所 ——— 株式会社 新典社
〒101-0051　東京都千代田区神田神保町1-44-11
営業部：03-3233-8051　編集部：03-3233-8052
ＦＡＸ：03-3233-8053　振　替：00170-0-26932
http://www.shintensha.co.jp/　E-Mail:info@shintensha.co.jp

印刷所 ——— 恵友印刷 株式会社
製本所 ——— 有限会社 松村製本所

ISBN 978-4-7879-6133-4 C0212

新典社新書

定価840円〜1050円　＊継続刊行中＊

◆大きな活字を使用して読みやすい◆
広く文化・文学に関するテーマを中心にした新レーベル